꽁치

강우식 음식시집

시인동네 시인선 060　　　　　　　강우식 음식시집

꽁치

시인동네

시작하면서

산란기면 사랑에 눈이 머는
등이 시퍼런 꽁치는
고향의 푸른 산맥이며
내 가슴의 수평이다.

먹고 산
인생이 다 산이고 물임을
이제 겨우 깨닫고서야
음식시를 써본다.

시가 맛있었으면 하는
老平 강우식

첫시

구름 먹어 봤어

예전에는 여름 하늘에 피어오르는
뭉게구름을 보며 물 흐르듯 유유자적한
삶보다 입신출세를 더 꿈꾸었었다.

오늘 구름담배나 태우며 사는 나를
조금 부끄럽게 만드는 일은
아빠 구름 먹어 봤어라는 텔레비전 광고다.

공주님 공주님 우리 공주님
물방울 샘의 보조개를 가진 앳된 얼굴로
저에게 굳이 물으신다면

제 마음 밖에 있을 때는 너무 높아
손에 잡히지 않는 허공다리 꿈이었구요.
제 마음속에 와서는 천둥번개 들어 있는

먹도적의 그리움이었지요.

벼락 맞은 대추나무처럼 마음에 전기 닿아
온몸이 까마귀로 타기도 하구요
억수장마로 물바닥이 되어 헤맨 적도 많았지요.

그럼에도 누가 구름에 손대보거나 먹어보고
노래 부르고 시를 짓느냐고 물으면
저 하늘의 구름이 바로 저라고 말할래요.

풀밭에 누워 바라보던 구중궁궐의 일장춘몽이나
사리사욕에 따라 이합집산하는 구름 무리가 아닌
아기걸음 딛는 구름 시인 되고 싶어요.

차례

시작하면서

첫시 구름 먹어 봤어

제1부

가지볶음 · 14

감자전 만들기 · 16

곶감 · 18

꽈리고추 볶음 · 20

김치 · 22

마른 버섯 · 23

나폴리피자 · 24

냉이 · 26

무채국 · 28

묵은지 · 30

밥을 먹다가 · 34

산삼주 · 36

산촌유정 · 38

시금치 변주 · 40

쌀밥 · 42

아삭이고추 · 44

오이 · 46

밥그릇 · 47

우동 · 48

울타리콩 · 50

차 이야기 · 52

초코파이 · 54

콩국수 · 56

팥죽 · 58

제2부

가리비 · 62

고등어머리구이 · 64

개복치 · 66

김국 · 68

전어구이 · 71

꽁치 · 72

꽁치젓갈 · 74

꾹저구탕 · 76

낙지탕탕 · 78

다시마튀김 · 80

도다리쑥국 · 82

멸치 안주 · 84

명태 변천사 · 86

해물파전 · 89

물미역 · 90

백합조개 · 92

밴댕이무침 · 94

복어 요리 · 96

붕어찜 · 98

생선 가시 · 100

생선 한 마리 · 102

소금 · 104

연어 대가리 · 106

이면수구이 · 108

졸복국 · 110

추억에서 · 112

제3부

강남스타일 · 116

고드름 · 118

고량주 · 120

국화빵 · 122

굶주림 · 124

김장과 막걸리 · 126

꼬리곰탕 · 128

꿩만둣국 · 130

나의 소망 · 132

냄비 · 134

늙어 봐라 · 136

닭백숙 · 138

담배 · 140

대작 · 142

독 · 144

레퀘엠 · 146

룸펜 · 147

매미볶음 · 148

미래의 신화 · 150

보신탕 산조 · 152

소박한 밥상 · 154

식사 · 156

식탁 · 158

양꼬치구이 · 160

양두구육(羊頭狗肉) · 162

인의예지 · 164

자취 · 166

전갈튀김 · 168

참새구이 · 170

코끼리, 기린, 악어 · 172

포크와 나이프 · 174

풀밭 위의 식사 · 176

레퀴엠 · 182

끝시 포도 · 180

여적(餘滴) 맛 · 182

제1부

가지볶음

가지[茄]는 그냥 나무열매가 아니다.
이 열매는 스스로 미리 쓰일 곳을 알면서
튼실하게 자라는 것 같다.
가끔 남자가 그리운 여자들이 은밀한
몸 풀이로 쓴다지만
누구의 부끄러움이겠는가.
가지 따먹고 외수(外數) 한다는 말도 그냥 생겼을까.
나는 남자로서 이놈처럼
거대하게 뽐낼 수 없어서 늘 기가 죽는다.
하지만 부러운 것과 요리는 다른 일.
가지 요리는 하기 쉽고 좋아해서
우선 여자도 잘 삶는 기술이 있어야
연애를 하듯이 이른 봄바람 일듯 살짝 삶고
손아귀로 물기를 짠다.
오래 두기 위한 이 단계는 무슨 핸플 같지만
물기가 없이 혼자 드는 식사란
눈물이 말라서 오히려 외로운 식사다.

어떤 때는 춥고 스산한 겨울 저녁의
혼자 하는 식사의 위안을 위해
가지 모양의 한 자루의 푸른 촛불을 컨다.

그저 물끄러미 보기만 하는
불 밝힌 촛불마저도 우는
그 축축한 물기.

거인은 가지를 주체할 수 없어서 외롭다.

감자전 만들기

감자전에 대한 내 고집은
부침개만큼은 세상없어도
두껍게 부쳐야 되므로 손 큰 남자가
좀 무식하게 지져야 된다는 것은
나이가 들어서도 불변이다.

여름 한철 음식점 것보다
나름 집에서 손수 하는 맛도 좋아서
전을 부칠 때면 아내를 제쳐놓고
통 알을 강판에 갈고 녹말을 내고 마무리까지
내가 나선다.

주먹서리만 한 감자를 갈아
번철에 기름을 두르고
뜨거운 한중막에 등을 눕힌 거인같이
두텁게, 두텁게 부쳐서는
조상절로 쩌억 쩍 찢어 먹는다.

그래야만 매년 여름 한철을 나는
기분이 드는 우리 부부다.
입맛과 습관은 참으로 무섭지.

영동 사투리가 배인 접혀진 여자로
내 가슴에 남아 있는 토종 씨알 한 톨
뭐니뭐니해도 감자는 강원도라는 여자.

내가 굳이 쫀득쫀득한 이 맛을
언제 어디서나 내세우며 암하노불(岩下老佛)로
감자전을 손수 부치는 것도 이 때문이다.

곶감

그녀가 새해 선물로
곶감 한 접을 보내왔다.
왜 보냈을까. 영문도 모르면서
어쨌든 고마운 선물이니까
매일 한 개씩 거르지 않고
맛있게 먹는 것이 보낸 이에 대한
예의라 여겼다.
요즈음엔 곶감도 시대차가 여실하다.
미용실을 드나드는지
옛날의 투박하고 굳은 살결보다
사랑하는 연질의 여자처럼
말랑말랑하고 달콤하고 부드러웠다.
마치 불륜의 사랑 같다.
하지만 씨는 속일 수 없는 것이어서
많은 것과 적은 것이 있는데
씨 없이 사는 것이 사람이나 곶감이나
대세인 세상에 그녀는
암호풀이같이 왜 씨 많은 것을 보냈을까.

곶감 한 상자를 다 바닥낼 무렵에야
겨우 현문우답(賢問愚答)을 얻었다.
곶감처럼 꽂혀서 씨를 갖고 싶어요.
내 나이가 어때서라는 유행가도 있지만
주는 사람이나 받은 사람이나
나잇값 좀 하시지요.

꽈리고추 볶음

엘리엇의 시처럼 난해하게 매운
꽈리고추를 볶기 위하여
무엇이든지 한번에 되는 일이 없다는
당연한 결과를 거친다.
늙어가면서 나도 그렇고
내 친구들도 거의가 매운 것을 못 먹는
식성으로 변했듯이 일차적으로
맹물에 꽈리고추를 넣고 팔팔 끓여낸다.
그러면 모더니즘 초창기의
에즈라 파운드 시만큼 매운 맛이 된다.
혀를 떼어내고 싶도록 안절부절못하는
매운 맛은 아니고 그렇다고
고추의 아주 매운 맛은 버릴 수 없는
매운 맛이 되면 그 다음은 일사천리다.
끓인 꽈리고추에 기름을 붓고 볶으며
KTX처럼 천안쯤 가서 멸치를 넣고
단맛이 좋으면 매실청을 넣어도 좋고
싫으면 안 넣어도 상관없고

나는 어느 쪽인가 하면 넣는 쪽
달콤한 밀월처럼 허니, 허니 넣고 또 넣고
대전쯤 가서는 간장을 넣어 간을 맞추고
달달 물기가 줄어들도록
드라이한 서정시를 만들면 끝이다.
부산까지 완주할 필요가 없다.

김치

여자들에게 일 년 농사나 진배없는 김장김치를 담그는 철이 왔다. 홀아비 신세가 되고부터는 김장김치는 먹어보는 것이 아니려니 단념하며 살려고 했다. 아내가 있으면 해마다 김치를 담그며 고갱이는 따로 떼어내어 속과 버무려주던 맛이며 속을 만들고 따로 무채를 숭숭 썰고 굴과 생오징어 등 속을 넣어 먹는 맛도 쏠쏠했는데 그저 헛입만 다실 수밖에 없어서 허전했다. 그런데 누가 한국 여자가 아니랄까 봐 김장 없이 어떻게 겨울 한철을 나냐며(없이도 살 수 있는데) 마누라도 아닌데 마누라처럼 갖다 준다. 어떤 해는 한 여자도 아니고 세 여자들이 한결같이 지나는 말투로 맛이 없다며 나른다. 나는 그 김치를 처음 먹을 때는 어느 여자가 맛있을까 생각하며 돼지 삼겹살을 잘 굽고 김치에 싸서는 저승의 마누라 보라는 듯이 아가리가 터지도록 먹는다. 그런 날에는 참 희한하게도 창밖엔 첫눈이 한가하게 왔다.

마른 버섯
—기산 김영정에게

봉화는 오르지 않아도
세상은 온통 당쟁으로 어지러운데
시골 사는 친구가
마른 버섯 한 상자를 보내왔다.
맑은 햇볕과 좋은 그늘에
잘 말린 때깔 고운 버섯이다.
안사람의 정성이 한눈에 드러났다.
무색무취의 마른 향기가
색깔 논쟁하는 세상사보다 깨끗하다.
고맙게 받고 잘 먹긴 하겠는데
살면서 나는 언제
이 혼탁한 공기에서 벗어나 보나.
힘들여 땅을 일구고 밭을 갈아
땀 흘린 버섯 한 상자라도
친지에게 보내며 살아보나.
귀거래 귀거래 말뿐이요
옛사람의 글귀가 저절로 한숨인데
따신 햇살 쪼일 날이 너무 짧다.

나폴리피자

패키지로 이태리 여행을 하면
갈 때마다 나폴리는 발도 못 디디고
갔다 온다.

하나님이 베스비오스 화산 석쇠에서
구워낸 도시 폼페이를 본 후
화산이 터져 불물이 흐르는 것도 아닌데
황야를 가로지르는 소떼처럼 사람들을 몰아
카프리 섬으로 가기 때문이다.

나폴리는 시간이 없다는 핑계로
도시 전체가 쓰레기더미로 더럽고
심지어는 깡패가 많다고 겁주며
문자 그대로 주마간산으로 쓸어간다.

한국에서 사랑하는 딸이
가끔 피자 한 판을 배달해 먹으며
한 조각 건네주는 것에 이제 겨우 길이 들어

나폴리에서 마르게리타를 시식하려 한
궁리는 매번 강 건너 불구경이 되고 만다.

어느 해인가
뜻이 있으면 길이 있다 했던가.
탑들이 많은 산 지미나노라는 시골에서
모차렐라, 모차렐라 피자, 모자라지만
드디어 피자 한 판을 시켰다.

미국이나 이태리나 어디나
피자 맛이 그게 그거인
한국보다 더 맛없는 관광지 피자였다.
강아지 메주 먹듯
너무 원조라고 무조건 코 박지 말자.

냉이

봄 들녘에 서면
어머니가 캔 냉잇국 먹던
옛날이 아지랑이로 피어오른다.

나물보다 봄철이 좋아
땅의 향기를 맡으려는 듯
무릎이 닳도록 헤매며
해동갑하던 처녀가

장대키의 총각 곁에 와
봄바람에 튼 손등 감추듯
평생 남루 있는 듯 없는 듯
둥글둥글 쪽진 머리에
세간 윤내며 야무지게 살았다.

가령 인생이 때로는
해일로 닥치는 재앙일지라도
늘 낮게, 낮게 몸 낮추고

겸손하게 살며

봄 들녘에
어느새 돋았는지 모르게
파릇파릇 잎 튼 냉이처럼
모진 세월을 이기시던
어머님.

그 냉잇국 먹고 자란
저가 간들 어디 가겠습니까.
다음 세상에서도
어머니의 아들이 되겠습니다.

무채국

동지섣달 긴긴 밤에
무를 놋숟가락으로 갉아 먹으며
가슴 시원해하시던 할머니.

하늘 가득 눈꽃이 피는
어스름 겨울 저녁이면 구덩이에서
무 하나를 꺼내 오셔서
채국을 잘하셨다.

특히 정월 대보름
액땜 막이 약밥에 곁들이는
무채국은 통과의례였다.

채칼로 무를 썰고
냄비에 참기름을 두른 다음
간 맞추어 달달 볶고 끓여서 내는
고소하고 시원한 국맛.

지난 한 해의
온갖 속상하는 일들 속 시원히
소화 잘 되라고 해선지

세상살이 쓰린 속 씻어내려고
찬 음식을 더욱 차게
살얼음이 지도록 얼려 먹었다.

얼음바다처럼 찬 무채국
시원하게 들고서는 세상풍파 넘기는
동장군도 벌벌 떨 사람이 되자.

묵은지

1.
아직도 시골 촌구석에 가면
김치 냉장고가 있어도
김치 항아리를 땅속에 파묻고
한 포기씩 꺼내먹는 집이 있다.

아파트에 살면서도 고집스레
정문 옆 빈터에 김장독을 묻고
몇 포기씩 꺼내가며
겨울을 나는 이도 있다.

봄이면 만물이 생동하는 기가 흙에서 나오듯이
무슨 진수성찬이 나오더라도
겨우내 땅에 묻고 먹어야 제격이라는
우리들의 신토불이 밥상.

동네방네 아줌씨 품앗이로 다 대들어
수백 포기씩 저리고 다듬고 했던

우리네 먹거리 중 그중 정이 배인 음식.
고추장, 된장, 간장과 마찬가지로
저장한다고 이름도 김장.

그 김치에는 이웃나라하고도
때로는 짜고 매운 것들을
다투지 말고 사이좋게 나눠먹고 싶은
배추 한 포기에 푹 배인 우리들 정이 있다.

해를 넘겨도 묵은 티 안 내고 먹는
김치 같은 외교를 하고 싶은
고랭지 황토 토백이의 밭고랑 맛.
묵은지가 있는 한 김치는 우리 것이다.

2.
스스로를 삭혀서 맛을 내고
그 맛이 해를 넘긴 묵은지같이
곰삭은 여자여.

사랑이란 때로는
몸서리쳐지도록 시큼 새콤하다.
묵은지 같다.
그 묵은 맛을 빼고 삭지 않은 것을
어찌 사랑이라 일컬으랴.

돼지 삼겹살 같은 사내와
불판에서 이리저리 뒹굴고
타오르며 익어가는
묵은지처럼 붉게 삭은 여자여.

두 손이 얼고 터가며 우리 어머니들이
예부터 담그던 김치에는 잃으면 안 되는
토속의 흙내가 속 깊이 깃들어 있고
우리들의 푹 절인 해묵은 사랑의 역사가 있다.

묵은지의 그대 낭군은 어디 가셨는가.
김장독 속 익힌 옛정 그리워

설한풍의 눈길 헤치며 애틋이 오고 계시는가.

밥을 먹다가

매끼 식사가 그리 행복한 일은 아닌데
밥술 뜨다가 떠오르는 한발 먼저 간 혈육들

큰 형님 강경식, 작은 형님 강순식,
너무나 사랑했던 아직도 사랑하는 내 아내 김일지…

도 닦는 것도 아니면서 왜 여자 안 들이냐면
시 궁상을 떨려고 그런다면 모두 웃겠지.

아버지 어머니에게는 두 분 연세보다
좋던 싫던 더 오래 살고 있으니

이제 세상 하직 인사 올려도 불효는 아니라고
살 만큼 살았다고 위로하며 수저를 든다.

왜 하필이면 밥을 먹다가 울컥 치받쳐 오르는
시를 쓰면서 서로 시를 잘 쓴다고 격려하던

〉

시인 이탄, 시인 이성부, 시인 최하림,
시인 조태일, 시인 이가림……

세상 어디엘 가더라도 시인이라 부르고 싶은
아 그저 눈물 나는 햇살과 같은 나의 60년대들

하필이면 밥 먹다가 살아 있다는 것이 이제는
저승 간 사람들과 인연이 더 많이 걸리는 연륜.

늙긴 늙었다고, 주름살 잡힐 만큼 구겨졌다고
시작되는 밥 먹는 오늘이고 기약 없는 내일이다.

산삼주

술이 좋긴 좋지
술이 좋다는 것은 맛있다거나
적당히 마시면 몸에 좋다는 게 아니라
사람과 사람 사이의 권커니 잣거니
인연이 좋다는 것이다.

대흥사 근처
지리산 깊은 산골짜기를 헤매다가 만났다는
산삼으로 담근 술이 내 집으로 찾아왔다.

60평생을 살면서도 술은커녕
산삼을 실물로 보기도 처음이었다.
산삼의 잔뿌리부터 긴 줄기
그리고 잎까지 온전한 한 몸이
긴 병 속에서 목욕하고 있었다.

산삼주가 들어온 날로부터 10년
술꾼인 내가 술자랑은 하면서도

어떻게 안 까고 견디었는지.

신선이나 입에 댔을지 모르는 이 술.
보낸 분도 유붕이자원방래불역낙호아
친구가 갑자기 사립문 열어젖히면
매화꽃 하얗게 이우는 그늘에 앉아
잔 기울이라고 보내주시지 않았겠는가.

귀거래 귀거래 말뿐이지
나에게는 늙어서도 사립문을 열어젖힐
시골집이 없구나.

하지만 하나를 가지려면
다른 하나는 놓아야 하듯이
일생 빚진 술도 많은데 더 늦기 전에
이 술병 열긴 열어야겠다.

산촌유정

달라고 주문하면
무엇이던지 제때에 잘 준다고
달래촌인지

심심산골 오지에 사는
스스로를 달래려고 해선지
그런 것을 지족상락(知足常樂)이라 하나.

이름 하나로도 궁금증 나는
음식집 달래촌에 식도락가는 아니지만
귀동냥으로 찾아, 찾아 들렀다.

산촌 식탁이어선지
봄나물로 한 상 잘 차려졌다.
도시에서는 맛볼 수 없는 호사다.

그런데 동행한 여자는 시장기도 잊고
저물어가는 산 그림자와

청량한 계곡 물소리만 눈귀로 먹고 있었다.
관수청심(觀水淸心)의 경지다.

그녀가 나조차 잊고 삼매에 들었다면
차라리 내가 그녀에게
산이 되고 흐르는 물이었으면 한다.

시금치 변주

초록 중에서 시금치 색에
늘 제일 가까이 가 있다.
잎이 그지없이 부드럽고 자애로운
성모 마리아의 느낌을 주어서다.

그 초록은 너무나 천연스러운
천리 먼 길에 있어도
매일 아침 눈뜨면 제일 먼저
나를 떠올린다는 여자의 눈빛이다.

잘 묶여진 치마끈을 풀듯 단을 헤쳤다.
요술나라처럼 파릇한 초록 물결의 들판이 됐다.
경쾌한 차림으로 외출하고 싶다.

볶아 먹으려고 번철에 기름을 두르고
시금치를 넣으니
초록의 색감이 짙게 드러나 번들거렸다.
내 식감을 자극하는 빛남이다.

>

어떤 음식도 다 잘 만들 수는 없다.
국은 누구도 완벽하게 끓일 수 없는
20대의 익은 듯 설익은 연애 같으다.

시금치 하고 가만히 불러보면
아직도 스무 살 첫사랑 고백처럼
혀끝과 아랫니가 떨리는 입김이다.
늘 감싸주고 싶은 어린 여자 같으다.

하지만 약한 것이 강한 것을 이기듯
시금치는 힘센 뽀빠이다.
애인의 손수건처럼 향내 나는 봄 들녘
내 가난한 눈썹을 닮은 부드러운 곡선이다.

쌀밥

끼니때 되면 무얼 먹을까?
고민과 망설임 끝에
결단하는 것이 음식이다.

어쩌면 아내와 만나 사는 것도
선택하는 음식 트레킹 속에
습득되어진 것이라는 예감이 든다.

아내는 밥으로 치면 흰 이밥이지만
더러는 보리밥도 되고. 잡곡밥도
콩밥이기도 했다는 뜻이다.

장가가서는 다 한 술의 밥에
생에 대한 의무와 무언의 책임감이
짐처럼 따라다니기도 하고

아무리 고봉으로 푼 흰 입쌀밥이더라도
밥알 한 톨 사발에 붙어 남기면

아버지처럼 가족들에게 불호령을 내리기도 했다.

먹는 것으로 하늘을 삼는다는 말씀처럼
쌀밥 한 그릇이
목숨을 이어주는 성스러움 때문이었다.

아삭이고추

분명 모양새는 고추인데
맛은 오이처럼 아삭거린다.

겉보기와는 다르게
마음은 천사표인 마누라다.

티격태격 비비며 지내다보니
고추처럼 맵던 사랑도

물에 물 탄 듯 변했지만
늙은이에게는 그게 좋아

실타래처럼 명줄 길어
참 희한한 것도 맛본다며

마누라는 사랑도 아삭아삭
오이 베어 물듯이 고추도 아삭아삭

고추만 아삭아삭하지 말고
세월도 누에 뽕잎 갉듯이 맛나게

야금야금 아삭아삭 씹자며
우리 내외 이마를 맞대고 웃어본다.

오이

오이는 그저 불문곡직하고
통째로 한입 쓱 베서
남자답게 우적우적 소리 내 씹는 게
여름 음식답게 시원해 좋다.
남자가 쩨쩨하게 씹으면
오이 물맛이 달아나는 기분이다.
오이, 오이하면 왠지
일본 놈이 현지처 불러
오이시, 오이시 하는 거 같아
거시기하지만 부창부수라
물 많은 남자의 그것을
물 많은 여자가 뭐시기 할 리 없지.
빠는 맛보다 흰 이를 드러내고
상큼하게 씹는 맛.
울퉁불퉁 겉은 억세게 보여도
뭐 좀 아는 아줌마에게 오히려 매력이지.
속이 오이처럼 물찬 남자.
어느 여자가 마다하겠는가.

밥그릇

맞춤하게 늘어진 엄니의 젖이다.

뚜껑이 덮인 그릇은

귀두의 테가 분명한 아버지의 물건이다.

음과 양이 상하 잘 조화를 이룬 그릇 속의

성스러운 밥을 내가 먹고 커왔다.

우동

우동 한 가닥 입에 물자
잠들었던 모든 슬픔이 딸려온다.
길게 가을이 젖는다.

휴게소 창밖에는
한 그릇을 다 비워도 그대로인
면발 같은 비.

돈은 귀신도 부려서일까.
값싸고 천해 보이는
막장인생 변한 게 없다.

이 비 그치면
어차피 등 돌릴 그대와 나
단풍의 화려한 조락.

무심하게
둘둘 말아 올린 면발처럼

차오르는 슬픔도 끊어버린다.

천지에 낙엽 소리로
비 내리며 가을을 울리니
가난한 귀로 듣는다.

울타리콩

울타리라는 경계에 길을 내고
생존 전략상 기대야 사는 콩이다.
바둑에서의 기대기 전법 같은 삶이다.

그 속에 내 조국의 큰 꿈이 영글고 있고
세계가 있고 대기권의 지구가 있고
한 발 앞서 벗어나면 태양계가 있다.

우주의 순환 속에 은하수 군단의 끝별에서
지구까지 오는 빛이 수억 년은 걸린다는데
그런 빛의 핵도 한 알의 콩으로 둥글게 뭉쳐 있다.

하지만 그 이상 가면 내 상상력으로는
감당할 수 없듯이 그저 마누라와
콩 껍질을 깔 수밖에 없는
콩콩 굴러 제자리로 제자리로 돌아오는 낱낱이 된다.

잎 틔우고 꽃 피어 열매 맺듯이

나는 그저 소박하게는 울타리 속에 사는
제일 순한 풀일 뿐이다.

하지만 한 해의 햇볕과 비바람과
천둥 번개와 같은 칼자국도 다 들어 있는
우주임을 나는 안다.

크고 작고 대소가 분명한 가을 하루다.

차 이야기

나는 다인(茶人)이 아니다.
차 한 잔으로
도를 닦으려는 사람이 아니다.

두륜산 자락 대흥사
초의선사의 일지암(一枝庵)의 일지는
내 아내 이름과 똑같은 한자다.
그 인연으로 녹차 한 잔에 입술 축였지만
세사에 찌든 내 혀끝이 감동했을 리가 없다.

차 맛을 모른다는 것은
물맛을 모른다는 거와 진배없다.
맹물 맛이 물맛이겠거니 막 살은 내가
위암에 걸려서야 세상에서
상수약선(上水若善)의 진실을 깨달았다.
물이 명줄 잇는 생명이듯이
차 맛도 여기서 벗어나질 못한다.

고향 근처의 오대산에는
신라 때부터의 우통수(于筒水) 샘도 여태껏 있어
스님께 귀한 차 대접을 받은 바 있으나
이 또한 내가 가까이 가기는 첩첩산중이다.
처음과 끝이 다르지 않은 물맛을 언제 깨치랴.

허나 나는 차를 사랑한다.
혼자서 끓여 마시는 차는 급수로는
신의 경지라 일컬어도 나에게는
주변에 같이 마실 이 없으니 무급이다.

여리고 여린 잎들의 중생의 바다에서
우려내는 그윽한 초록빛 향은
갓난아기의 천진함인 양 격 없이 맑다.
늘 은은히 감도는 차 한 잔의 운치는
생의 굽이마다 격조를 잃지 않으려 했던
아내의 옅은 살 냄새이기도 하다.

초코파이

예전에 죽은 아내가
한 통씩 사서는 심심할 때면
가끔 하나씩 먹던 것이다.

초코파이가
러시아, 중국은 물론 동남아
심지어 개성공단의 간식으로 주어지더니만
마침내 북한의 암시장에서도
인기 품목이라는 말을 듣고도

나는 아내가 먹으며
혼자 먹기 심심해선지 더러
입에 대보라 해도 꿈적 안 했다.

오늘은 한때 철수했던 개성공단이 가동되고
예전에 주었던 초코파이 간식도
하루에 한 개인가 두 개로 줄었다는
뉴스를 보면서

\>

새삼 초코파이를 즐기던
아내 생각 간절해
생전에 입에 안 댄 것을 먹어보기로 했다.

이름대로 초코 맛 나는 파이.
살림살이가 너무 고되고 쓰디써서
이 단맛으로 나 몰래
아내는 인생을 위로 받으려 했구나.

새삼 초코파이 하나 물고
울컥 눈물이 홍수 져 삼키지 못하고
그냥 울었다.

콩국수

젖을 이제 갓 뗐을까 말까한
어린애는 언제 익혔는지
스마트폰으로 게임을 하고

요즈음 엄마들은 그러고 친구와 편하게
콩국수를 먹는다.
세상이 상상도 못하도록 변했다.

유기농이거나 맛있다 소문나면
모두들 집에 차가 한두 대는 있어서
불원천리 마다않고 찾아간다.
가서도 장사진치고 기다린다.

옛날에는 굶는 데는 사흘을 견디는
천하장사 없다 했지만
요즈음은 맛에는 왕후장상이 없게 됐다.

나는 명색이 시인이면서도

이런 세상 꿈에도 상상 못했듯이
저 아이가 성년이 되는
한 20, 30년 후는 더더욱 모를 일이다.

세상이 상상을 뛰어넘는다고
콩국수가 아무리 고소해도 맛에 넋 놓지 말자.
그러다가 콩가루 집안 되는 거 많이 봐왔다.

팥죽

콩나물죽 한 삼 년만 끓여 먹으면
부자가 된다는 말도 있지만
아버진 죽은 죽지 못해 먹는 거라며
그 어렵던 시절에도 싫어하셨다.

가족의 내력을 따라 나도 마찬가지이지만
아내가 일 년에 한번 쒀주는 팥죽만은
나는 죽이면서도 죽어라고 좋아하였다.

그러고 보니 어린 시절에도 어머니가
시장에서 물감장사를 하며 사주신
팥죽 한 그릇을 자주 먹은 적이 있다.

동지섣달 추위 속에
포대기로 둘둘 두른 동이 속의
김이 무럭무럭 나는 팥죽 한 그릇.

애동지, 중동지, 노동지 손꼽지 않고

아내가 팥죽을 쑬 때 보면 한눈을 팔면
죽이 눋거나 탄다고 지키고 있었다.
가족의 재앙과 액땜을 막고 건강을 비는
세시풍속이 읽히었다.

올해도 지난겨울처럼 동지가 왔다.
팥죽 쒀줄 사람 없는 나는
먹어도 안 먹어도 그만이지만
죽은 아내가 자꾸 등 떼미는 것 같아

시장바닥에 쭈그리고 앉아
한 양푼 사서 동지를 때우며
콧김이 나도록 아내가 쒀주었던
팥죽 속의 새알 옹심이의
알뜰살뜰한 소망을 새기며

가슴속에 보고 싶은 아내의 모습과
늘 따뜻한 어머니를 겹쳐놓기도 한다.

제2부

가리비

가리비는 밥조개라 불리던 것으로
내 어릴 때 어머니께서
밥 푸던 주걱으로 쓰셨다.

한동안은 잡히지 않아
미국 석유회사 셸의 심벌마크로나
추억처럼 볼 수 있었다.

내게는 동해바다
푸르른 물결 속에서도 찾을 수 없었던
머나먼 조개를 언제부턴가 양식이 되어
날것으로도 구워서도 먹게 됐다.

그 뒤 자주 이 조개를 사서
영화 속 줄리엣 비노쉬처럼 까서는
손으로 주무르다가 조개가 그립다는 듯이
코끝으로 냄새를 맡아보기도 하고
비릿한 국물을 쩝쩝 핥아먹기도 하고

때로는 린드버그의 『바다의 선물』에 나오는
문장의 한 대목처럼 소녀풍으로
바다 냄새를 향긋하게 맡기도 한다.

가리비는 향수 같았던 조개였다.
한데 간 떨리게 요즘에는 후쿠시마 원전사고로
세슘이 염려스러운 일본산이란다.

중독돼봐야 이십 년 뒤에나 나타난다고 하니
내 인생의 버스는 이미 사라진 뒤겠지만
어머니의 추억마저 앗아 가
마음도 가리비 껍질처럼 단단해져 버렸다.

일본과 우리는 두 개의 조개껍질처럼
영원히 하나 될 수 없는 이질인가.

고등어머리구이

삼복더위에 사내라고
못 먹어 비리비리한 초등생 몸으로
땡볕에 보리 절구질을 한 적이 있다.

하늘 높이 반복되는 상승과 하강 속에
가난하고 배고픈 식솔들의
삶의 공복과 포만의 위로가 있었다.

그리 찧은 질퍽한 깡보리밥에
비름나물 넣고 고추장에 썩썩 비빈 다음
바람난 여자처럼 동네방네 냄새가 시끌벅적한
간고등어구이를 곁들인 금상첨화의
삼합 같은 한 끼 식사란!

문제는 구색을 갖추려면 공식처럼
보리밥에 비릿한 간고등어 토막이라도
반드시 곁들여야 한다는 이력이다.

그중에서도 기름이 지글지글한
머리 부분을 좋아하는 것은
어릴 적 가난에 인이 배인 것으로서

머리보다 몸통이 나은데도 아직까지
뼈째로 아삭아삭 씹는 그 맛을 못 잊으니
대기만성은 글렀다면서도
어릴 제 배운 버릇 여든까지 간다고
도망가는 놈이 쪽박 챙기는 궁상을 떤다.

개복치

여러분
개복치를 아시나요.

성은 하찮은 것의 대명사인 개씨에
속된 말인 치 사이에 복자는 왜 들었는지 .
개똥쇠처럼 이리저리 구르며 잘살라고 지었는지?
바다의 항공모함처럼 생겼다.
바다 위에서도 헤엄친다기보다 둥둥 떠다닌다.
태어나면서부터 덩치는 아니었을 텐데
작은 것은 본 적이 없다.
그래서 나는 개복치가 새끼인지 어른인지 모른다.
곧잘 정박한 오징어잡이 배창에
슬그머니 와 잡아가라는 듯이 쉬어서
어부들이 부수입이 되어서 즐겁게 만든다.
내 어릴 적 어판장에서 개복치를 팔 때 보면
한 덩치씩 뭉청뭉청 떼어서는
어부의 인심만큼이나 큰 뭉치로 주면
새끼 끈에 꿰어서 지게에 매달고

큰 횡재나 만난 듯이 가던
진짜로 맛은 영락없이 밋밋한 묵이다.
바다에는 없는 게 없어서 고기 묵도 있다.
'바다 밑 2만리'는 그래서 내 시토피아다.
지난여름 주문진에서였다. 잊고 산 이름
개복치 음식점 간판을 보고 들어갔다.
어릴 때 헤어진 허물없는 친구 부르듯
개복치 있어요 큰소리로 찾으니 없단다.
개복치는 주문진 바다를 떠나 어디로 갔을까요.
지금쯤 도토리 묵밥 먹고 쉬었다 가던
천동산 박달재 고갯마루를 넘고 있을까요.

여러분
개복치를 아시나요.

―――――――
*시토피아는 조어. 詩+topia. 또는 seatopia.

김국

1
어머니가 해주시던 음식으로
제일 먹고 싶은 것은 김국이었다.
컴퓨터에서 김국을 검색했다.
나름의 일가견을 가진
김국 만드는 법이 주르륵 나열돼 있었다.
하지만 내가 먹고 싶은
어머니의 바다가 들어 있는 김국은 없었다.
내 어릴 때 어머니의 김국에는
가난했던 시절이라
초등학교 운동회 때나 먹을 수 있는
계란 한 알이 띄워져 있었다.
그 계란을 통째 삼키기 아까워서였는지
흰 자위는 그냥 발라 먹고
노른자위는 국 전체가 노래지도록 풀어서
먹었던 그 고소한 맛은
컴퓨터 어디에도 없었다.
대체 맛이란 어머니가 해주던 맛

텔레비전에서 어쩌구저쩌구
자주 떠드는 사람들을 보면서
맛의 최상이 어쩜 사람마다 한결같이
어머니의 맛일까 그 보편화된 어투에
쓴웃음을 짓기도 하지만
나도 김국에서만은 어쩔 수 없이
어머니를 찾지 않을 수 없다.

2
가끔 사는 게 마르고 말라서
그 바닥이 저 타클라마칸 사막 같거나
건너지 못할 고비 사막이어서
마른 혓바닥같이 물기가 사라지면
출구가 없어서일까요. 바다가 그립습니다.
바다가 보고플 때엔 김국을 해먹습니다.
불판 위에 한 장의 바다를 태우듯
김을 노릇해지도록 굽고 파산한 인생처럼
구운 김을 바스르뜨려 넣고 끓입니다.

바다가 변하여 뽕나무 밭이 되는 건가요.
꿈의 초록 섬 마다가스카르에 가듯
뽕나무밭이 바다가 되는 건가요.
마다가스카르에는 바다 냄새보다 열대림들의
초록향이 더 진하지만 내 김국에는
일순에 마다가스카르 초록 바다 냄새가 진동합니다.
나는 그 위에 계란 한 알을 깨뜨립니다.
계란은 아프리카나 아시아나 마찬가지지요.
바다에 해 뜨듯 계란을 띄웁니다.
만델라가 옥살이한 섬에서
떠오르는 아침 해를 계란 노른자처럼 보았다면
나는 해를 가지고 바다 건너 해 없는 일본에 간
연오랑과 세오녀를 떠올립니다.
연오랑의 아내로서 매일 새벽닭이 울 때까지
남편을 기다리던 세오녀를 봅니다.
아니 세오녀 같던 어머니가 있습니다.
어머니가 먼먼 마다가스카르 아프리카처럼
너무 멀고 그리울 때 김국을 해먹습니다.

전어구이

연기란 무조건 나쁜 것인가요.
독특한 향미의 훈제품도 있잖아요.
오늘은 맛보다는 굽는 그 냄새가 좋아
집 나간 며느리도 돌아온다는
전어를 석쇠에 올리고 굽다 보니
고기보다는 그 냄새에 취해
서해바다 밀물이 차오르듯 배부르고 말았다.
다른 연기는 마시면 안 되는데
전어 굽는 연기는 괜찮은 건가요.
혹시 이것도 타면서 생기는 냄새고 연기니
배이고 절어 암에 걸리지는 않는지요.
답은 지나친 걱정도 탈인
과유불급이라. 이미 나와 있는 건가요.

꽁치

이놈의 꽁치 굽는 냄새가
무슨 점령군의 최루탄 냄새처럼
온통 운동장을 덮은 옛날 국민학교 동창회다.

팔도 어디서나 흔히 먹는
어물 중에서도 그중 만만한 이놈을
동창회에서는
'고향의 맛 즐기기'라고 내놓는다.

꽁치가 꽁지가 되어버린 자투리 나이의
할배 할매들이 죽기 전에
일 년에 한번 보는 만남이 너무 반가워
석쇠를 걸어놓고

그들의 늙다리 인생만큼 짠 막소금을
툭 툭 뿌려가며 구워서는
마수워 마수워 영동 사투리를 뱉으며
서로의 입에 넣어주기도 한다.

〉

하긴 아카시아 꽃 필 무렵에
고향 주문진 앞바다에서 건져 올리는
생물 꽁치회에 굳이 침 흘려가며
입맛 다실 필요 뭐 있으랴.
서로 한물간 팔자인데 냉동이면 좀 어떠랴.

우리 모두 한때는
산란기의 꽁치떼처럼 사랑에 눈이 멀어
죽어도 좋아
온몸을 내던졌던
그러면서도 꽃바람 속의 홍도를 닮은
푸르른 등을 가진
어물들이 아니었느냐.

꽁치젓갈

코를 싸맬 정도의 콤콤하게 삭은
이상야릇한 냄새와 비린내의 꽁치젓갈을
어머니는 해마다 김장 액젓으로 쓰셨다.

그 맛에 길들어선지 나는
생선하면 좀 상해서 콤콤한 것들이면
무조건 좋아했다.

저 젓갈에는 여름날의 소나기가 들어 있다.
비를 머금은 먹장구름도 있다.
한소리 한다는 천둥번개도 있다.

일반 젓갈이란 대체로 고기가
엄청 많이 잡혀 어판장마다 개력이거나
억수장마로 햇볕에 말릴 수 없을 때
소금에 절여 담그는 것으로

나는 한물간 인생 같은

이 맛이 그리워 젊어 한때
한번은 퇴물의 여자와 잔 적도 있는데
생선 맛과 사람과는
비유의 대상이 아니라는 것도 터득했다.

꽁치 젓갈만이 아니라
명란도 터진 파치로 만든 젓이
내 구미에 더 잘 맞는 것은 어찌된 일일까.
한번은 망가져 봐야
인생의 참맛을 안다는 뜻일까?

세월은 부대인이라 사람을 기다리지 않는
세월 속에서도 잘 삭혀 익혀야 되는
숙성의 의미를 알기 때문이다.
최고급 향수에도 썩은 냄새가 들어 있다.

꾹저구탕

식성이란 이상한 것이어서
갯가 사람들도 바닷고기보다
더러 철 되면 민물고기가 먹고파
강으로 천렵을 간다.

민물고기도 나름 잘 다니는 물길이 있어
그 길목에 투망을 놓고 잡아들여
엄지손가락으로 배를 꾹꾹 눌러
내장을 빼고 어죽을 끓인다.

어죽하면 무주 구천동의
맛깔스럽게 해 내오는 집도 알지만
나는 고향에 내려가면
양양 남대천변의 뚜거리집이나
주문진 소양강 입구의 꾹저구를 찾는다.

뚜거리나 꾹저구탕은
이름은 서로 다른 음식으로 보이지만

같은 어종으로 만든 어죽이다.
고향 음식치고 이만한 거 어디 있으랴.

한소끔 민물고기를 끓이다가 건져내어
가는 체에 걸러 뼈를 발라내고
솥에 된장을 풀고
파나 양념을 넣어 해먹는 것인데

둘이 먹다가 하나 죽어도 모른다는 말은
아무 데나 쓰는 게 아니라
어릴 때 추억과 곁들여 먹는
이런 어죽에 해당되는 것이리라.

언제 한번 이 꾹저구 먹으러
맑고 깊은 물맛의
심심산골 법수치로 갑시다.

낙지탕탕
―미당 생각

전라도 무안에서 낙지탕탕을 만났다.
산 낙지를 도마 위에 놓고
칼로 탕탕치는 소리를 본떠서 붙인 이름이다.
어떤 여자는 몬도가네식 이것 맛보다가
목구멍이 막혀 죽기도 했다지만
강원도 감자바위인 나는 나룻가 출신답게
아무 데나 칙칙 감겨오는
아무리 봐도 미래를 지배할 괴물 같은
이것을 처음 입에 댄 것은
옛날 간 날 공덕동 미당 댁에서였다.
미당은 접시에 담겨 사문난적당한
유생처럼 난도질 돼서도 꿈틀꿈틀거리는
낙지를 나무젓가락으로 집어 한입 가져가며
"이놈 멕이면 삼복에 힘없어
늘어진 소도 벌떡 선다잖능가"
정말 쟌느 뒤발을 품은 보들레르처럼
힘이 넘치는 어린 나이의 나에게도
「화사」의 "우리 순네는 스물 난 색씨…

고양이 같은 입술"은 어디 가고 드러내던
"스며라 배암"의 그 목구멍을 잊을 수 없다…
아무래도 사제가 같이 간다고 했던가.
나도 무안에서 제자들 앞에 놓고
시사(詩師) 미당의 흉내 고대로
도마 위에 오른 푸르른 바다를 탕탕 치며
꽃뱀이 스민 듯한 목구멍이 징그럽도록
본새대로 낙지를 먹고 있었다.

다시마튀김

다시마튀김은 오묘하다.
바다 간수의 유혹과
절대 느끼하지 않은 기름기와
바싹 바싹 부스러지는 맛은
그 무엇과도 비할 수 없다.

다시마를 좋아해 집에서 곧잘 튀긴다.
나뿐 아니라 스님들도 예전에는
식탁에 올리면 웃는다고 승소(僧笑)라 했다.

심심산골 절간의 스님들도
차가 있어 속세와 다름없는 세상에
산에 산다고 웃으며 반길까.

식감에 따라 다르겠지만
튀김 중에서 이 튀김이
나에게는 그중 까다롭다.

불이 너무 세어 기름이 뜨거우면
아수라의 지옥 가마에 든 듯
온몸이 금세 시커멓게 타 뒤틀리고
식으면 맡은 바 제 본색을 드러내지 못한다.

튀겨졌다고 해도
재빨리 꺼내야 제 맛을 즐길 수 있다.
맛을 낸다는 것이 착각의 연애 같으다.

사람도 저와 같다.
다시마는 스님의 입에 가면서도
"다시 갈고[磨] 닦으라"는 계율 같은 것인가.

다시마를 단순히 맛만으로 튀긴다고
보지 마라. 나 같은 중생도 그 튀김에서
제 부피대로 부풀어 오르는 사물의 이치와
불과 기름의 오묘한 중용을 터득한다.

도다리쑥국

봄이면 통영 땅 남도 천리로 가
갯 처녀의 비린 향기가 나는
도다리쑥국을 홀린 듯이 먹는다.

해수 쑥탕에 누워
목욕하고 있는
도다리 살맛이라니.

달거리가 그친 이튿날 깨끗이 씻어서
비린내가 사라진 듯하면서도
새 속옷갈이하고서도 냄새가 가시지 않은
조금은 멈칫한 걸음으로
그래서 더 바람 타는 나룻가 처녀들이여.

속절없이 흔들리지 말고
파도 타는 뱃머리께로 기울지 않으려면
저녁밥을 든든히 먹어야 한다.

〉

항구에 와서 어정거리는 외지 사내들은
계절 맛으로 봄을 먹듯이 하며
도다리처럼 사랑에 사시가 된 놈들이다.

쑥처럼 만나지 말아야 한다.
아무리 도다리쑥국이 되자 해도
돌아서야 한다.

그러면 도다리쑥국은 누가 먹느냐.
사는 게 바다만큼 아파 봄 쑥 향기 따라
남도까지 흘러들어온 사내가 그 속풀이로
눈물 빼며 먹는 탕국이어야 한다.

멸치 안주

남아프리카의 한 흑인 여가수의
아베마리아를 들으며
감격의 눈물을 흘리던 청중들은
멸치떼처럼 일어나 기립박수를 쳤다.

그 은빛의 물결 속에는
케냐 나이로비의 웨스트게이트 쇼핑몰에서
선지자 모하메드의 이름을 몰라서 죽은
멸치들의 슬픔을 기도하는 눈물도 있었다.

이슬람이 아니라고
알 샤바브의 총질에 날벼락으로 죽은
이역만리의 한국인 교민도 있었다.

힘없는 것들은 끼리끼리 모여
힘 있는 시늉하며 떼 지어 살지만
시늉은 시늉뿐이다.

모하메드의 어머니가 통곡한다.
대량학살을 해대는 이슬람은
선하고 힘없는 이슬람끼리 모여 사는
아베마리아가 아니다.

선지자 모하메드 어머니의 이름을
여러분은 아시나요.
모르면 모르는 사람은 총질해야 되나요.

한 흑인여가수의 아베마리아를 들으며
이 깡마른 철학자 같은 멸치를 고추장에 찍어
이유 없이 마시는 한 잔의 소주가
오늘 이유 있는 두 잔이 되는 것은 여기에 있다.

명태 변천사

갯가에서는 눈만 뜨면 고기 잡는 얘기뿐이다. 한국동란 때 북에서 남쪽으로 피난 온 한 어부가 한류성 냉대어족인 명태를 잡으러 북방한계선 근처의 바다까지 갔다가 엔진이 고장 나서 해류 따라 북으로 북으로 흘러가는 바람에 혼쭐난 얘기도 듣고 태풍 사라호가 기습하여 명태잡이 배들이 다 뒤집혀 한 마을이 온통 울음바다가 되는 것도 보며 자랐다. 아버지는 그래서인지 바닷가에 살면서도 배는 절대로 못 타게 했다. 갯마을에서 배 안 타면 뭐 먹고 살지. 바다를 벗어나면 살 수 없는 공동체가 바닷사람들이다.

그 명태가 경제성장5개년이다 새마을운동이다 잘살아 보세 노래를 입에 달고 살던 시절에는 일본의 수출 품목으로 바다에 살면서도 외화벌이로 감히 자주 먹지도 못했다. 얼마나 수출에 열을 올렸던지 바다에 명태의 씨가 말랐다. 저인망 그물로 바다를 훑고 또 훑었다. 고기가 없는 항구는 폐항이다. 고향 포구엔 고기는 없고 물뿐인 바다만 있었다. 그 뒤 고향에 갈 때마다 아주 심해에서 어쩌다 낚시로 건져 올린 왕 생태를 먹은 적이 있었다. 그마저도 얼마 있다 씨가 말랐다. 예부터 싸고 흔해서 즐겨 먹던 명태가 이제는 수출 품목에서 수입 품목이 되고 잡으려면 러시아 영해인 북해에서 쿼터를 받아야 어획이 가능했다.

   남북교역이 틔자 한때
   이북산 명태가 들어왔다.
   북의 바다에서 잡은 명태를
   남녘의 배가 넘겨받는 형식이었다.

   이북산 명태를 먹으며
   칼바람 속 난바다의
   북한 어민들을 떠올렸다.

   나는 북한 명태가 먹고 싶다며
   무슨 통일 프락치처럼 소주 한 잔 걸칠 때면
   생태 집에 자주 들락거리고 시도 썼다.

   어류 중에는 그중 선호해서 소비가 많았던 생태에 입맛이

길들여진 나 같은 사람들은 러시아에서 원양어선들이 잡아들인 냉동태에 성이 찰 리가 없었다. 생태의 수요가 많아지자 이제는 거꾸로 일본에서 수입했다. 그런데 쓰나미로 후쿠시마 원전 사고가 터지고 마침내 일본의 바다가 세슘으로 오염됐다. 그 바다에서 잡은 명태를 먹을 수가 없다.

  소주 한 잔에 곁들인 얼큰한 생태탕.
  슬픈 바다의 역사처럼
  이제 맛보기는 영영 그른 것 같다.

해물파전

철퍼덕 뜨거운 번철에 퍼질러 누워서 그도 저도 나도 모르겠노라 속까지 다 까발린 누울 댁이 해물파전밖에 더 있는가. 눈 오는 크리스마스이브 날이었다. 천리 먼 길을 온 여자가 내 곁에 바다가 보고 싶다며 해물파전처럼 누웠다. 내가 바다였던가. 유부녀였다. 유부녀라는 발음에는 유부두부 같은 아니 번철에 기름 두르고 굽는 파전 냄새가 난다. 그녀는 목욕탕에서 갓 나온 김이 무럭무럭 나는 알몸에 팩을 하고서 이리 뜨겁게 타고 있는데 이리저리 뒤집다가 한 판 안 먹을 수 있는지 보자며 나보다 한 수 더 뜬 바다가 되어 누워 있었다.

물미역

한발 먼저 저승 가 하늘의 넓은 마당에
둘이서 살 터 잡으려 했는지
텅 빈 밥상에 앉아

생시에는
손도 안 대던 반찬 물미역을
아내 생각하며 사다 먹는다.

끓는 물에 살짝 데쳐내는
한 타래 어떤 때는 두 타래 천 원인
생물 미역.

돈 떨어지자 입맛 나서도 아니고
늙마에 살 만큼 사니
살림 절약하려고 먹는 것도 아닐 텐데
값싼 것을
무슨 맛으로 사 먹었을까.

한 젓가락 집어
입속에 넣고 곰곰 음미하다
이 때문이로구나.

아침 밥상에서도
재즈의 흐름처럼 혓바닥으로 느끼는
블루빛 부드러운 감촉.

백년해로하고 싶었던 그녀가
미역 줄기같이 싱싱하게 살아 오르는
환상적 사실에 사로잡혀 본다.

백합조개

건강에 좋다고 하루에도
항문과 질을 수백 번씩 조였다 푸는
여자처럼

몸 전체로 열었다 오므리며
갯벌에 묻혀
물의 살결을 갖고 조개로 태어났는가.

천사와 같은 흰 살결과
악마의 유혹 그 쫀득한 육질은
가히 뇌쇄적이다.

특히 다른 조개보다 벌리면
샘솟듯 우러나는 육즙은 일품이어서
침 흘리며 쩝쩝대는 사내로 만든다.

명창 신재효가 가고 흔적만 남아 있는
고창읍성 가까이 가서

아직까지도 판소리 가락이 떠돌듯이
백합조개를 기웃거리는 것은
기호나 취향이 아니라
먹는 것에 탐닉된 죄로구나.

백합아, 백합아
창 배우러 온 철모르는 애들 부르듯
신재효 목소릴 흉내 내어 너를 부른다.

---

*고창읍성 근처에 백합조개 전문 음식점이 있다.

밴댕이무침

젊은 날에는 좀 거칠고 터프한 몸짓으로
여자들에게 다가서듯이
때로는 맵고 달콤하며 새콤한
밴댕이무침을 무작정 먹는다.

좀 당기는 먹거리 앞에서는 모두가
남녀 혼숙하듯이 떼로 앉아서
입술이건 혓바닥이건 벌겋게 불타오른다.

광란의 섹스 같은 인사불성
먹는 거 너무 밝혀
밴댕이 소갈머리 같은 년이라면
너무 심한 언사겠지.

인천 앞바다의 짠맛이
살 속 깊이까지 배인 여자들은
밴댕이 살점과 무채와 고춧가루와
모두가 바라는 새콤한 식초의

혼숙 같은 무침에 매몰된다.

인천 앞바다 조수간만의 차가
지금 썰물일까 밀물일까도 모르면서
황홀은 아니더라도 땀이 나는
밴댕이 맛으로 나는 늘 여자들을
가늠하려 했을까.

복어 요리

어쩌다 부산에 내려가서
바다 한번 휘잉 돌아 인사 끝내고
초원복집이나 할미복집이 아니더라도
복어를 안 먹으면
부산 갔다 온 것이 아니다.
참복, 은복, 가시복, 밀복, 졸복 등을 입맛대로
매운탕, 지리, 수육, 구이, 회로 먹는다
그중 종잇장처럼 얇게 저며 나오는 회는
독에 따라 1도, 2도, 3도 하며 나오는 회는
이건 예술의 예수다.
몸이 전율하는 칼 가진 자의 예술이다.
내 고향 주문진에는
복어 전문 음식점도 따로 없지만
칼 든 사람은 아무나 복을 다루어서
복어회를 떠 달라 주문해도 저들의 칼질에는
산 밑 집에 방앗공이 놀듯이
도저히 종잇장처럼 나오질 못한다.
같은 갯가 사람들인데도 물색이 달라서인지

좀 과장하자면
혹시 종잇장처럼 떠지면 먹을 게 없다고
잘못 되어 큰일 난 줄 안다.
그거 다 어딜 가나 후한 인심 탓이리라.
하지만 예술 같은 회 뜨는 얘기는 그만 접고
내 고향이나 서울보다 부산이 다른 것은
복지리를 시키면 부산식 아니면
남도 스타일인지 국에 식초를 넣는 것이다.
부산 가서는 왜 이렇게 먹는지도 모르면서
뜨물 먹고 술주정하는 스타일로
나도 무조건 부산 가면 부산식대로 논다.

붕어찜

논산은 신병훈련소에 입대하여
일과처럼 맞아야 잠자던 시절이
기억의 저편에 작대기 하나로 서 있었다.
내 마음속의 이를 악문 멍과 분노를
고요히 잠재우고 다시 논산이 좋아진 것은
탑정호수에서 먹은 붕어찜 때문이다.
사랑하면 음식도 따라 달아지는지
붉은 고추장 꽃이 핀 붕어찜이 있었다.
사랑은 초콜릿에만 깃든 게 아니라
비리고 비린 붕어에도 깃들어 있었구나.
붕어가 사랑을 물고 올라왔구나.
냄비 속에서도 붕어가
꽃잎처럼 붉게, 붉게 물들어 가며
맵고 알싸한 고춧가루로 끓는구나.
뜨거운 불 속에 죽어가면서도
사랑 때문이라면 죽어도 좋아하는
살신성애(殺身成愛)의 헌신이여.
그 사랑에 만세 부를 수 없는 나는

속옷 벗고 은가락지 찬 꼴로

붉은 혀가 들통날까 봐

시치미 떼고 먼산바라기를 하고 있었다.

생선 가시

어떤 사람은 밥을 먹다가
느닷없이 돌을 깨물어서
어금니가 깨져 치과 신세를 지듯이

친구와 함께하는 점심 식사에서
청어구이를 먹다가
가느다란 가시가 목구멍에 걸려

빼내려고 칵칵거리기도 하고
민간요법으로 김치에 밥을 싸서
아나콘다의 아가리로 목구멍이 터지라고
꿀꺽 삼키기도 하고

두 손가락을 넣어서
아악 토하며 별별 짓 다 했지만
신경을 쓸수록 더욱 참을 수 없는
가시가 되어서

눈에 넣어도 안 아픈 가시가 아니라
온몸 신경이 다 가 있는
이 상황을 한시라도 벗어나고파

이비인후과에 들러
확대경을 무슨 침투하는 공비색출 하듯이
샅샅이 훑어 겨우 홀가분해졌다.

웃기지만 결단코 웃기지 않는 말
생선 가시 조심하세요.

생선 한 마리

어디서 인연이 닿았는지
부두에서 만난
뒷짐 진 스님의 손에는
생선 한 마리가 쥐어져 있었다.

죄가 업이라면
아예 줍지를 말지.
부라퀴같이 움키고는
왜 뒤로 감추는 걸까.

인정사정 볼 거 없이
바다의 물기는 다 걷어버린
심지어 목숨까지도 결딴내버린
단호한 모양새의 생선은

부처님의 손아귀 있는 손오공 처지마냥
옴쭉달싹 못하는 게 아니라
오히려 큰 죄를 짓고 결박당한

스님 손에 채워진 쇠고랑 같구나.

시정 바닥의 비린내
죄 있어 사는 스님이구나.
죄 없으면
어이 도를 닦을 수 있으랴.

오늘 스님은 생선 한 마리 들고
온몸을 던져
죄의 바다로 나가려나 보다.

소금

어렸을 무렵에는 초등학교에서
귀에 못이 박히도록 듣고 자란 말이
소금 같은 사람이 되라는 훈시였다.

요즈음 아이들이 등교를 하면
선생님은 커서 어른이 되어 사회에 나가
어떤 사람이 되라고 할까.

세계 어디에도 없는 우리들만의 셈법
안 먹어도 먹은 셈치라 할만큼
몸에 나쁘다고 하니까
소금 같은 사람이 되라고는 안 하리라.

소금하면 오끼나와의 설염(雪鹽)이나
폴란드 소금 광산의 유색 소금도 맛보았지만
우리나라의 햇볕과 바닷물로 굳어진
결정체만 한 간간짭짤한 꽃이 어디 있으랴.

젓갈류를 즐기는 나는 생사를 오갔어도
식성은 쉽게 변하지 않아
자연 중증환자의 수준이지만
있을 건 있어야 하지 않겠는가.

옛말에 백지장도 맞들어야 낫고
천 냥 말고기도 간이 맞아야 한다는
선인들의 속담이 하나 틀린 게 없다.

반드시 먹는 것 아니더라도
사람과 사람 사이에는
짭조름한 소금이 없다면
우리가 무슨 입맛에 살겠는가.
더운밥 먹고 하는 식은 소리 아니다.

연어 대가리

아내가 없어서인지 매끼 식사가
남들만치는 돈 들여 먹고 사는데도
늘 속이 허하게 비어서
겨울나기에 뭔가 모자란 듯하고 겁이 난다.
여자가 없이 홀몸인 것이 이리 어렵다.
사람에게도 어쩔 수 없이
자연으로 타고난 동물의 본성이 있는 건가.
시베리아 곰들은
한 해 겨울을 나려고 강가에 나가
모천회귀 하는 연어를 기다리다 잡아서는
가장 기름진 대가리만 먹고 버리면
사람들이 기다렸다가
몰래 몸뚱이를 가져다 먹는다는
말을 들은 적이 있는 나는 가을만 되면
겨울나기로 연어 대가리만 사다 구워서
곰처럼 뼈째로 으적으적 씹어가며
그 비린 기름을 질리도록 먹는다.
보신이 되는 거와는 좀 거리가 먼

아내 있을 때부터 내내 해오던 습관이다.
누군가는 이런 나를 북극곰이라 했다.

이면수구이

바닷가에서 여자와 한밤을 새운 날에는
하늘의 별보다는 이상하게 파도가 꺾이는 것이
명절날 떡치는 소리로 들렸다.
밀려드는 시장기로 아침밥을 했다.

껍데기가 고소한 이면수구이였다.
비릿하면서도 벗겨 먹는
입맛 댕기는 거로는 이만한 게 없어서

사람으로 태어난 이상
맛에는 빈부가 없고 고금이 다르지 않아서
강릉 최씨 부자도 이 껍데기로
쌈 싸다가 알거지가 됐다.

하지만 맛에 죽고 살아온 나도
내 고향에서 부르는 이면수의
다른 이름인 새치에 대하여서는

애인 있는 여자를 새치기해 자고서
아침에 이면수 구이를 먹는 것처럼
어찌 그리 같은지 요상해진다.

바로 오늘 그런 날이다. 이면수를 먹다가
새치 생각이 나서 혼자 키득대니까
그녀는 밤새 쌓은 만리성 때문인지
뭣 때문인지 덩달아 웃었다.

새치는 새치기한 여자와 먹는 것이
어쨌든 제일 맛 좋다. 말뜻 알랑가 몰라.

졸복국

창밖으로 기적 소리가 들린다.
물 흐르듯 지나가는 열차 소리다.
사내는 뒤도 돌아보지 않고 떠나고
여자는 그가 그리워서 자위를 한다.
열차의 기적처럼
하늘로 오르는 오르가슴이여.
아, 아, 아 여자는 기쁜 슬픔으로
탈선하듯이 두 다리를 꼬며 운다.
정말 추억을 줄줄이 매달고
열차가 떠나듯 표표히 사라졌다.
동이 트는 신새벽이면
사내는 새삼 여자가 없어 외롭다는 듯이
바바리코트의 깃을 세우고
가을의 플랫폼에 첫발을 디디며
밤새 잊었던
가을바람처럼 쓸쓸히 밀리는 이별을 실감한다.
이별은 아픔이 아니라 독이다.
가슴속에서 치명적인 독을 지닌

손가락만 한 졸복처럼 꿈틀댄다.
통음의 날밤이 아니어도
헤어진다는 것은 속이 쓰리다.
사내는 독은 독으로 풀듯이
가슴이 찔리는 아픈 가시는 발라내며
파도가 하얗게 우는 이 아침에
항구의 낯선 음식집 문을 열고 닫으며
속풀이로, 속풀이로
홀쩍이며 울듯이 졸복국을 먹는다.

추억에서

나는 간혹 포항 사는 사람들을 만나면
진저리라는 해초와
꼬시래기라는 손가락만 한 물고기 얘기를 한다.

갓 아홉에 피난살이 공부를 톡톡히 하느라
학교에 가 배우지도 못하고
하루해를 비루먹은 강아지로 보낸 적이 있다.

누가 그 이름을 지었는지
정말 진저리치도록
바닷가 바위에서 손수 뜯어온 진저리로 지은
소화도 안 되는 보리밥을 먹고는

송도해수욕장으로 흘러드는 형상강가에 가서
낚시만 넣으면 물고 올라오는
바보 같은 물고기 꼬시래기를 잡으며 소일하거나

피아간에 둑 하나를 사이 두고

죽기 살기로 총질해댔다는
형상강에서 해 저물도록 탄피를 줍거나

초등학교에 가서 내 또래 아이들이 책을 읽는
교실 창문을 들여다보며
나도 모르게 저절로 까마득히 밀려난
세월의 저편에서 내 자리를 찾아보고는 하였다.

그 시절 고래고기도 처음 먹어보았는데
돈 주고 사먹었을 리는 없고
열흘 굶어 군자 없다고 거지처럼 시장통을 헤매다
손님들이 남기고 간 찌꺼기나 아니면 슬프지만
길바닥에 흘린 것도 횡재처럼 먹었는지 모른다.

추억도 나이 드니까
마음속에 부끄럽게 오래 간직했던
이런 일들도 스스럼없이 내뱉게 하는구나.

제3부

강남스타일

한국과 필리핀을 드나드는
세브 막탄공항의 전광판을 보면
대한항공에서부터 아시아나, 진에어, 부산항공,
거기다 필리핀항공까지 한국인이 대세이듯이

세브 시내 워터프론트 호텔 저녁 뷔페 물목에는
김치에서부터 불고기, 잡채 등
한국 음식이 그중 많이 눈에 띄는데
거기에 금시초문인 강남스타일도 있다.

몇 해 전 코타키나발루 부두에서
전축형 라디오를 켜놓고
북보르네오 젊은이들이 떼 지어
말춤을 덩실덩실 추는 것을 보았는데
다시 한류를 실감하는 기쁨이여.

강남이 어떤 곳인지 알고나 만든 것일까.
궁금하고 반갑기 이를 데 없어 뚜껑을 여니

약간 속은 기분인 돼지고기 야채볶음이었다.

또 맛이야 우리 입맛보다
숙주가 많으면 국수가 수제비 되는
저들의 입맛에 맞춘 것일지라도
그 창의성에 어찌 박수를 쳐주지 않을 수 있으랴.

강남스타일이 노래건
돼지고기로 만든 맛없는 음식이건
불문곡직하고 우리 거여서
한 젓가락이라도 더 입에 가져가는 식탁이다.

고드름

손깍지 걸고 맹세하던 모든 언약이

동상 든 손가락에 머물고

처마 끝에 겨우 매달린 목숨이 되어

끝에서 끝까지 줄 선 싸늘한 말은

오직 하나 죽이리라 서릿발 한이

비수의 창끝으로 물구나무섰다.

햇볕의 따신 입김으로 좀 달래려 하면

이를 부드득 갈며 눈물짓다

몸 전체로 툭 떨어져 옥쇄한다.

>
저 무서운 물의 굳은 뼈들을 어릴 때는

고드름 고드름 수정 고드름하며

어떻게 통째로 으적으적 씹었는지 모른다.

고량주

솔 검불 지고 불 속을 들듯
한 잔의 술이 식도를 훑는 쾌감의
가속을 어이 여자에 비하랴.

술은
꽃 꺾어 산 놓고 부었던
내 인생.

스무 살 무렵은 술시가 되면
관수동 골목 중국인 잡화상 앞 노상에 앉아
마른 패주(貝柱)에 잔술이던 고량주.

깡술로 마시는 이 독한 술 속에
시가 녹아들고 시대의 아픔이 젖고
탈출구 없는 긴긴 통금의 휘슬과
어디든 정보요원이 깔려 있던 60년대였다.

팔이 아프도록 술잔을 꺾었건만

마셔도, 마셔도 충족되지 않는
술이 술을 마시는 갈증.

벙어리의 절규같이
내가 나를 다스리지 못하던 세월은 갔어도
나는 무슨 까닭으로 밤과 더불어
아프게 배운 술을 끊지 못하고 있는 걸까.

국화빵

추억은 낡은 것인데도 늘 새롭다.
새록새록 떠오르는 유년의 일들 중에
국화빵이 있다.
엄동설한 동네친구끼리 누군가 푼돈 생겨서
사먹었던 국화빵.
무쇠의 빵틀에서 구워 나오기 바쁘게
서로가 게눈 감추듯이
입천장이 데는 줄도 모르고
먹기보다 삼키기에 급했던 국화빵.
그 낱낱에도 먹고 살려는 엄연한 현실이
알게 모르게 깃들은 대오 속에서
뜨거운 것에 숙달되지 못한 나는
늘 꼴찌였다.
국화빵 하나만큼은 귀신같이 먹던 친구들
삶도 그리 살았는지 다시 만나
옛날처럼 잊었던 그리움을 뜨겁게 먹고 싶다.
오늘 이 이야기를 마누라 앞에서 나누니
국화빵 앞에서는 남녀 불문하고 같았는지

둘이서 눈물 나게 웃어본다.
부부끼리도 사는 게
이렇게 매사 잘 통했으면 좋겠다.

굶주림

눈물 젖은 빵을 먹어본 적이 있느냐.
스무 살 무쇠라도 녹일 나이에
굶다 굶다 뱃가죽이 등에 붙어서
내 젊음을 내던지듯 피를 팔았었다.
빵 한 조각을 위해 은촛대를 훔친
장발장은 너무 낭만적인 서사다.
텔레비전 종편에서
비쩍 마른 아프리카 아이를 두고
도움의 손길을 호소하는 영상을 보며
나는 저 아이가 굶주려 입은 고마움의
그 은혜로 남을 도울 것인가
더 탐욕스러워질 것인가 점쳐보지만 미지수다.
배고프지 않아도 누구나 살기 위해서 먹고
먹기 위해서 사는 갈구의 유전자를 지닌다.
그 탐욕에의 빈곤이, 바로 파괴의 연속이자
한편으로는 인류를 문명한 사회로 인도했다.
먹는다는 것은 산 자의 족쇄다.
그 그늘에서 단 한 발짝만 더 나가면

인간은 무섭도록 다른 얼굴로 변해버린다.
단순히 먹는 문제로 끝나지 않고
기아는 늘 생존이 걸린 유전자다.

김장과 막걸리

김장김치를 먹을 때면
해종일 배추포기를 손질하고
무채 썰어 속을 버무리시던
어머니를 가끔 떠올릴 때가 있듯이
김치는 일생 나에게는
뼛속 깊이 인이 배긴 맛이고
잊으래야 잊을 수 없는 고향이다.
외국에서도 그토록 먹고 싶은 음식이
김치인 것은 어머니의 살색 같은
흙에서 나고 자랐기 때문이리.
김장이 대지의 심지 같은
어머니에 가깝다면
막걸리는 누그러운 성품의 아버지 그대로다.
일생 못 먹어본 술이 없이
폭음 폭주로 날밤 새우며 기고만장 날뛰던
파도도 자연히 잦아들고
옛날에 별다른 안주 없이도
깍두기 한 조각이면 즐겨 한 잔 걸치던

아버지의 아들로, 막걸리 아버지로
늙어서 나도 모르게 돌아왔다.
막걸리는 이 땅의 설움과 눈물.
울분과 분노를 다 삭이고 풀던
아니 기쁘면 기쁜 대로
속상하고 화나면 그런대로 한 잔.
그렇게 풀던 아버지를 닮은 술이다.

꼬리곰탕

타이완에서 한문조(韓文組)의 아이들에게
우리 문학을 가르치며
한 일 년간 자취를 한 적이 있다.
교환교수라는 말은 않겠다.
꼬리곰탕이 좋다는 말은 하겠다.
대만 사람들은 소꼬리를 안 먹어서
꼬리가 싸다는 말을 듣고
회회아비가 하는 푸줏간에서
큰 놈으로 사다가 한 냄비 끓여놓고
꼬리가 안 밟히게
쌍화점의 회회아비처럼 손목을 잡으려고
꼬리가 안 잡히게
아내 몰래 애인을 부른 적이 있다.
먼 하늘 건너온 비행기 삯 빼려 했던지
한창 젊은 나이였던지
밤새 뒤척인 게 열대야 탓인지
애인을 불러놓고 다른 말보다는
암튼 꼬리곰탕이 좋다는 말은 하겠다.

애인의 손목을 잡고서는
남태평양의 푸르른 물결을 보며
들판의 소처럼 뒤로 엉켰던
백주대낮의 뜨겁고 부끄러운 입김이여.
공자가 아니더라도 일언이폐지왈
꼬리곰탕이 좋다는 말은 하겠다.
하지만 이제는 옛날 옛적 일
애인도 떠난…… 애인이 있어도 힘 못 쓰는
세월의 뒤안길에 다 식은
내 꼬리곰탕 한 그릇이 쓸쓸히 있다.

꿩만둣국

겁이 많은 꿩은 늘 날면서도
숲속에서 갑자기 튀어 올라
푸드득, 푸드득, 푸득 난다.
초록 푸름을 차고 신선하게
푸륵, 푸르륵 나는 것은 본 적이 없다.
ㄷ과 ㄹ의 차이.

꿩은 솔개도 무섭지만
아마 꿩 잡는 게 봉 잡는 거였던
나뭇꾼 등쌀에 마음 편할 날이 없었으리.

꿩 하면 내겐 어머니의
담백하면서도 고소한 만둣국이다
뼈째 다져 소를 넣던
도마 소리를 잊을 수 없어서다.

다듬이 소리와는 다른
또 하나의 리듬.

세계를 감동시킨 난타처럼
힘차며 빠르고 빠른 경쾌감.

그 때문인지 한 그릇 한 날이면
하늘을 날듯 괜히 기분이 좋았다.
나 잘 먹으면 덩달아 흡족해 하시던 어머니.

그것을 소문난 제주도에 가서 먹어봐도
옛 맛이 아니다.
어머니가 아니 계신데 어찌 같을 수 있으랴.

마침내 봄
산꿩이 푸드득 하늘도 놀라게 창공을 난다.
잘 먹고 잘살다가
머루 다래 익는 찬 서리 끝에나 보자꾸나.

나의 소망

내 소망은 부질없어서 접는다. 꽃피고 새 울어 춘정이 무르녹는 봄에는 포경수술, 모든 사물들이 성숙해지는 여름에는 항문수술, 가을에는 하필이면 쓸개 없는 놈이 되는 담석수술, 겨울은 분에 맞지 않게 식탐했다고 하나님께서 내리신 위암수술. 반드시 철따라 수술한 것은 아니지만 자연의 섭리 속에 사는 대로 진행되었다. 속을 비워낼 대로 비워내고 또 가져갈 만큼 들고 간 내 몸뚱이. 죽음도 죽음 같은 거라 할 만큼 두렵지는 않지만 목구멍이 포도청이라 소망이 있다면 돈이 좀 있었으면 한다. 이유는 한 가지다. 먹는 데 대한 전문의를 두고 싶어서다. 왜냐하면 병의 원인이 먹고 마시고 싸는 데 있다고 믿어서다. 이제 수술이라면 정말 몸서리쳐질 정도지만 아직도 할 수술이 남아 있다. 늙어가면서 너무 드라이하게 살지 말고 눈물을 좀 보이며 살라고 내 눈물샘을 막아 겉보기로 흐르는 것이며 또 언제 터질지 모르는 시한폭탄인 신장은 양쪽 다 나빠서 어느 쪽을 먼저 떼어내야 할지 알 수 없다. 너무 무절제한 폭음폭식의 내 식생활을 개선하고 싶지만 이 프로그램에 돈은 얼마나 많이 들 것인가. 먹는다는 것. 굳이 아프리카가 아니더라도 나보다 더 가난한 사람들 얼마나 부지기수인가. 역지사지(易地思之)로 그런 것에 생각이 미치면 지금대로 먹고 마시고 살다 죽는 것도 상팔자라 여겨져 내 부질없는 소망도 스스로 접고 만다.

냄비

내 주방에는 까마귀사촌쯤 되는
냄비들이 한 두어 개 있다.
그중 하나는 얼마나 탔는지
지체장애자처럼
손잡이의 한쪽도 날아갔다.
좀 사용하기 불편한 고장 난 냄비를
내가 자주 쓰는 연유는
같은 시간대에 두 가지 일을 해서다.
해마다 몸소 지은 농사라고
고구마를 한 상자씩 보내주는 이가 있었다.
그게 돈으로 치면 별거 아니지만
성의가 하늘만큼 넓어서
오자마자 준 이의 마음을 맛보는 양
한 냄비 삶기 시작하는데
대저 고구마는 처음과 끝이 중요하므로
가운데 삶아지는 시간은
도토리묵 쑤는 것도 아니고
지키고 돌보지 않아도 그만이어서

그 시간대에 잠깐 텔레비전을 켜고
꿀 빠는 벌처럼 빠져들다 보면
순식간에 작폐를 저지르고 만다.
주객이 전도되어 냄비는 물론 고구마도
아프리카 분쟁지역의 영양실조인
흑인 갓난애인 양 까만 탄소 덩이가 된다.
하나의 시간도 주체 못하면서
두 개의 시간을 갖고 놀고자 한
욕심 많고 한심한 노인을 스스로 보게 된다.
치매는 아니더라도 멀쩡한 냄비를
지체장애자로 전락시키고
그러고도 그 냄비를 아깝다고 쓰는 한심한 노인네다.

늙어 봐라

남자가 늙어서 꼭 필요한 것 다섯 가지

1. 부인
2. 아내
3. 집사람
4. 와이프
5. 애들 엄마

잘하자……
늙어서 밥이라도 제대로 얻어먹으려면……

외로움은 꽃이 없어서가 아니고
사람이 없어서다.
쭈그러진 냄비 같은 과부도 없는 신세라
컴퓨터에서 이런 글도 유심히 들여다본다.

늙어 봐라. 밥 먹는 것보다
세월을 투닥투닥 화투장 넘기듯 말동무할

할매가 더 마음 절절하다.

저승 갈 때는 누구나 적수공권이라지만
빈손이 될 생각 버려라. 늙을수록
북풍한설에 뭐든지 바람막이를 갖춰야 한다.
있을 것 다 갖춰도 모자란다.

우분트(ubuntu)
우리가 함께 있기에 내가 있다던
행복한 나날도 사라지고
어느 날 돌아보니 놀랍게도 혼자다.

이제는 살아야 할 세월이
긴긴 겨울밤처럼 백세라는데
늙어 봐라 구질구질하게 신세한탄 말고.
떳떳이 구인광고라도 내자.

닭백숙

능구렁이를 잡아 벌레를 내고
그 벌레를 쪼아 먹은
닭의 등이 털 뽑혀 맨살이 드러나면
잡는 것은 언제나 아버지였다.

그 사이 어머니는 물을 덥히고
뜨거운 물이 나오면
나는 물에 젖은 닭털을 뽑았다.

집의 장닭 한 마리가 사라지니
닭장이 텅텅 빈 듯 서운하고
새벽마다 시끄럽던 온 동네가 조용해졌다.

내가 오뉴월 개도 안 걸린다는
고뿔로 죽도록 앓고 나서
보신한다고 푹 고아
온 가족이 두레밥상에 앉아 뜯었다.

특히 나에겐 뒷다리 하나가 차례로 와
그 덕분인지 비실비실 앓던 여름의
무더위를 무사히 넘겼다.

하지만 뱀닭을 먹으면 뱀눈을 닮는다는
말을 들은 나는 가족들 몰래
거울을 자주 들여다보는 습관이 생겼다.

담배

 나뿐 아니라 5, 60년대만 해도 어지간한 골초들은 머리맡에 담배 곽을 놓고 살았다. 새벽에 눈떠서도 이불 밖으로 나오려면 마누라 엉덩이 한 번 더 만지기보다 담배를 한두 개 비쯤 피운 후에야 기신했다. 세월이 같은 세월이 아니다. 세월호처럼 뒤집혀졌다. 세상이 바다 속인 양 숨 막혀서라도 담배연기를 낼 법한데 심심초 한 대 댕기는 데도 온통 난리들이다. 너무하다. 머리맡이 아니라 거실로, 거실에서 이동해 베란다로 패잔병처럼 피워도 아파트 한 동이 담배 냄새로 죽겠다고 아우성이다. 세계 어디를 가도 우리나라마냥 엄살궂은 나라는 없다. 옛날에는 기침 전에 새벽담배 피워도 그러려니 하며 살던 여편네들이 심지어 내 마누라도 어떻게 참고 살았는지 궁금하다. 속 보인다. 속 보여. 금강산도 식후경이요 식후 불연이면 즉사는 물론 어른티를 내며 계집을 품고 싶어서라도 입에 가져가던 담배. 지금은 법원 발품 팔 거 없이 이혼감이다. 세상 모두들 좋아졌다고 이구동성이지만 인심은 조석변이듯이 언제 또 개벽할지 모른다. 담배 한 대를 피우기 위해 이리저리 헤매다가 겨우 자리를 잡고 시원하게 연기를 내뿜어본다. 상상해도 즐거운 그 연기는 구름처럼 흩

어져 하늘로 가 비를 뿌리고 파초 잎에 떨어져 빗방울 뜯는 소리에 저절로 장단 맞춘다. 먹고 피우고 마시고 하는 일 중에 우리 마음을 짚어 대신해 주는 것이 무엇 있으랴. 속상해서 기뻐서 무료해서 피우고 씹는 담배. 그래서 우리는 그 향기와 맛에 지독하게 인이 박인다. 너무 괄시를 말아라. 장미도 가시 없는 장미가 있듯이 언제 또 담배 못 피우는 사람이 사람 축에 못 끼는 날도 있으리라. 아무도 장담할 수가 없다.

대작

사람이 아주 지독한 사람은
멸치같이 깡말라서 술 마시는 데도
깡다구로 퍼붓는 사람이다.
포차집 딱딱한 의자에 앉아
밤새도록 끄떡없이 마누라, 집,
사랑 같은 거는 입속에 들어가는
갯장어 한 젓가락도 안 된다는 듯이
무심히 탁 털어 넣어버리고
냉수처럼 소주를 벌컥대는 사람이다.
카아 소리 하나로 모든 것을 망각해버리는
어쩌다 이런 사람과 대작하면
절대로 비가 와서는 안 되는 사막에
비가 온 것처럼
가슴이 이상하게 철렁 내려앉는다.
술 한 잔 내밀어도
괜히 겁이 나서 꼬리 내린 개처럼
비실비실 뒤로 밀려나는 자세가 되고
집에는 어떻게 가나 걱정부터 생긴다.

집에는 주유소 텅 빈 탱크 같은 여자가
정품 주유기로 사랑을 공급해 주기를
이제나 저제나 기다리고
귀신에 쓰인 듯 그에게 붙잡힌 나는
낙엽처럼 이슬이 말라가다
아무 데나 노상 방뇨해 버린다.
마침내는 세상을 포기하듯 나를 버린다.
술 취해 하는 죄는 죄가 아닌
죄가 되어 세상에 아무것도 없는
백지 같은 상처를 핥듯
자네 한 잔, 내 한 잔
끝내는 술과 내가 앉아서 대작하며
침몰하는, 끝없이 침몰하는 배가 된다.

독

다 살자고 하는 일이고
먹는 것인데
음식 잘못 먹어서 죽는 일도 허다하다.

식용식물과 구별하기 힘든
동의나물, 박새, 여로, 삿갓나물 등
가려서 먹지 말아야 된다.

임금님이 내리신 사약에도
부자, 천남성, 생금, 투구 꽃이
든다고 한다.

독이 아닌 이로운 것도
탈 잡히지 않게 조심해야 한다.
좋은 것도 쓰기에 따라 독이 되니
매사 조심해서 나쁠 것 없다.

낙지 한 접시 시켜놓고도

괜히 목구멍에 혹시나 걸릴까봐
씹고 곱씹는 오늘이다.

오래 오래 씹으면 해로울 거 없다지만
모든 음식은 본능으로 맛을 골라 삼키는 게
사람마다 다 다르고
생래적으로 습득된 자연의 이치거늘.

그걸 믿고 무심히 먹고 삼키다
그물에 탁 걸리고 마는 꼴이 된다.
독 없는 게 독이 되는 걸 조심해야 된다.

레퀴엠

한 여자가 나 몰래
아내가 잠들어 있는 고향의 바닷가에서
내 시집 〈살아가는 슬픔, 벽〉과
꽃 한 송이를 던지고 왔다.

그리고 아침 손님이 단둘뿐인
해변의 식당에서
수저 소리만 들리는
아주 단출한 식사를 했다.

다시 사랑한다는 말이 필요할까.
햇볕은 너무 슬프게 맑아
파도 소리가 레퀴엠으로 스며들었다.

룸펜

일하지 않으면 먹지 말라는 가르침은
금과옥조이지만 일하기 싫으면
나가 죽으라는 막말이나 진배없었다.
죽는 데 왜 하필이면 나가 죽으라고 했는지
집에서 죽으면 썩는 냄새가 진동해선지?
산 사람이 죽으라는 것만큼 서러운 거 어디 있다고
죽은 시체도 거두기 싫다는 너무 모진 말이다.
아마 한 입이라도 덜거나 때우는
하루하루가 그만큼 힘들어서 생겼을 게다.
그 일상에 유명한 인물이 마카오신사다.
겉은 멀쩡한데 하루 종일 다방에 죽치고 앉아
성냥개비로 이나 쑤시거나 맹물이나 축내는
무위도식자인 룸펜들이다. 해종일 죽치고 앉아
레지의 오가며 쏘는 눈총도 모르는 체 받다가
어쩌다 푼돈이라도 생겨 차 한 잔 시키면
먹고 마시는 게 뭔지
먹고 마시는 게 뭔지 다방이 자기 것인 양
의기양양하던 룸펜 족속들도 한때 득시글했다.

매미볶음

공자의 무덤이 있는 곡부에서
꿈에도 생각지 못한 음식이 나왔다.
먹어본 지 하도 오래전이라
매미의 날개가 달린 채로 나왔는지
어쩐지 통 기억이 없다.
우화등선이라
날개가 있었으면 하늘로 갈 일이지
왜 내 앞에 있지 말했을 텐데.
별난 음식을 먹고 그 맛이며 모양새며
깜깜 먹통이기는 처음이다.
중국인들은 못하는 요리가 없다더니
그 말은 저들의 삶이 고달팠다는 의미다.
우화등선이라
상상의 날개를 달고 더듬으니
이 매미 요리를 먹으면
여름에 더위를 안 타고 지낸다든지
공자를 닮아 학문을 잘한다든지
노래를 잘 뽑는다든지

이것도 저것도 아니면 울보여서
상가에 울음꾼으로 가 목을 놓는다든지
뭐가 있어야 되는 것이 아니냐고
음식을 나르는 아가씨에게 물은 적이 있다.
아가씨, 그냥 씨익 웃었다.
아마 웃기를 잘하는 모양이다.
매미도 웃나?

미래의 신화

중국인들은 하늘로 나는 것 중에는
비행기만 빼놓고
일본인들은 바다에서는
잠수함만 제하고 다 먹는다는데

나는 날아가는 보잉 747기를
한 손으로 잡아서 바다에 앉아
으적으적 씹어 먹었다.

무법천지로 세계 각국의
대통령궁도 도청하는 양코배기도
어제까지 왕따였던 이 몸을
하루아침에 엄지손가락을 치켜세웠다.

꿈에 단군할아버지에게
못된 놈 패줄 방망이나 하나 달랬더니
무슨 도깨비 방망이의 신통력을 줘서

나가도 너무 많이 나가 한 끼 식사도
그냥 음식 때우는 것으로는 어림없고
먹었다 하면 고기는 비행기요
아메리카 대륙 정도의 식빵이 됐다.

누군가 그 정도면 뇌물급이라
일침 했지만 그동안 쌓인 스트레스
확 날릴 정도로 기분은 나이스였다.
내 시가 때로 우수마발(牛溲馬勃)이어도
이 맛에 짓는 거나 아닌지.

보신탕 산조

단골로 다니다 보면
이상하게 보신탕집들은
다 나름의 일가견이 있다.

브리짓드 바르도인가
애완견을 닮은 여배우가
야만인으로 보는 나라의 일 국민으로
처음 이 고기를 입에 대본 것은

동네 형들이 똥개 한 마리를 어디서 훔쳐 와
바닷가 덕장에 밧줄로 목매달아 걸어놓고
인정사정없이 개 패듯이 죽여서는
털을 끄스르고 솥을 걸고서였다.

개는 자고로 두들겨 잡아야 맛있다는
전설 같은 속설이 사실인지 모르지만
나는 개 같은 동네 형들 밑에서
개 퇴내는 개판에 앉아 개 맛을 알았다.

읍내 천변 다리 밑에 솥을 걸고
개헤엄 한번 치고 개 먹고를 되풀이하며
무더운 여름을 이긴 적도 여러 번이었다.

나에게는 그 엉성한 천변 밑이 그리워선지
멍멍집은 비밀로 만나는 여자처럼
때로는 자랑 삼아 찾는 벽이 있다.

단골집에서 모처럼 만년필을 얻어먹고
잉크는 잘 흐르는지
헐떡이던 젊음의 어리석음과
무모한 그리움이 담긴 옛날이 있기 때문이다.

소박한 밥상

회혼까지 가자던 아내의 시간이 멈췄다.
죽지 못해서
혼자 차려 먹는 밥상

밥과 국
누군가 혼자 산다고 보내준 김치.
멸치꽈리고추볶음
생일처럼 더해 먹는 가지나 호박 무침.

밥 한술 입에 떠 넣고
오물거리는 내 몰골 너무 빈티 나
숟가락 탁 놓고 연극처럼
차라리 죽는 게 낫지…

가까운 친구들을 만나면
박사보다 더 높은 게 밥사라며
곡기 끊으면 죽는다고 걱정해주면

그래 내 일찍 죽어
마누라 곁에 가려고 그런다
불경 읽듯이 되뇌다가도
하기야 그 말이 옳긴 옳지.

차라리 무슨 교회의
천사무료급식소에나 가 밥을 빌까.
그 짓도 죽는 날까지 못할 거 같고

고작 위로 아닌 위로는
멸치만은 우리나라에서 제일이라는
남해 죽방림 멸치인데 하며
젓가락을 넣었다 뺐다 한다.

식사

곡마단의 트럼펫 소리처럼
가설무대의 신파극처럼
사람 사는 게 슬퍼도
일생 슬픔을 시로 팔지는 않았다.

오늘도 나는 감사기도와 더불어
무료급식소에 줄서서
흰 입쌀밥과 국과 반찬을 받아
그 슬픔을 위로 받는 꼬락서니로.

먹다가 서울역 어디선가 새우잠을 자는
등이 굽어진 곁의 노인에게
내 성스러운 밥 한술을 덜어주는
제 처지도 모르는 행세를 했다.

슬픈 일들을 시로 쓰지 말자며
삼류가 되어 쓰고 먹으며
싸구려로 누굴 울리려고 한 거와 뭐가 다르랴.

여편네라도 있으면
오늘도 무슨, 무슨 직의 고관대작과
누구나 다 아는 어디 어디서 만나
최고급 식사를 하고 왔다고
이빨을 쑤시거나

마누라라도 있으면
제사 지내고 가버린 묘지의 젯밥 먹고 와서도
시치미 떼고 장구통 배 두드리며
호탕하게 웃지는 않았을 텐데…

슬픔도 흘러보내지 않고 붙잡아
슬픔이 값싼 행세 못하게 냉동시킬
진짜 겨울이 오려나 보다
목덜미가 부끄럽게 시리다.

식탁

식탁머리에서의 내 불만은
조선시대의 무슨 수라상 차림처럼
매 끼니마다 젓가락 한번 안 가는
반찬들을 늘어놓는 일이다.
아내에게 더욱 미치는 일은
몇 십 년을 쓴 신혼 때의 이 빠진 그릇과
모자라면 잡탕으로 무슨 플라스틱 통까지
총동원하여 음식을 담아내는 일이다.
젓가락 가는 것으로 삼찬일식하자 해도
나 모르노라 막무가내다.
내 나름에는 단출한 두 내외니 식탁보도 갈고
계절 따라 식기들도 겨울에는 안성 놋그릇으로
국화 향 은은한 가을에는 맑고 투명한 유리그릇과
크리스탈 술잔에 포도주 한 잔도 곁들이고
여름에는 가마에서 잘 구워낸
소박한 질그릇이나 도자기들로
봄이면 스님들의 발우나
옻칠이 신비한 목기들이면 했으나

앞으로건 뒤로건 나 몰라라
쇠고집으로 늘어만 놓는다.
아내가 승천한 뒤다.
홀몸에 가진 것도 비울 나이이니
무거운 그릇보다 가벼운 그릇이 되자며
그릇 일습을 산뜻이 개비했으나
혼자 하는 식사에
그릇들이 너무 고급스럽고 새것이어서
어디 새 여자 들이는 거 같아
아내 없이 이 무슨 호사고 배신인가.
그 식탁에서의 살림을 그만 접고 말았다.
때 묻어 산 세월이 참 무섭다.

양꼬치구이

요르단의 페트라로 가는
무인지경의 사막에서 아득히 신기루처럼
가물가물거리던 물체는 양꼬치 장수였다.

아라비아의 향취가 물씬 풍기는
향신료를 바른 이 고기는 꼬치에 꿰어
밸리 춤의 무희마냥 타올랐다.

양고기 시식은 사막과 연관이 깊다.
두 번째 만난 데는
사막 속의 오아시스 돈황이었다.

오아시스는 그림 속에서 본
야자수 몇 그루가 있는 샘터가 아니라
대도시였다. 그 사막의
사주(沙洲) 야시장에서 양꼬치를 구웠다.

요르단에서 낮에 맛본 것과 다르게

밤에 독한 고량주와 곁들여
이국의 여자가 따르는 술잔에
사막이 뒤집히도록 마셨다.

어차피 우리는 목구멍이 모래바람으로
콱콱 막히는 열사의 사막을 헤매는
나그네 인생이 아닌가.

청마는 이 열사의 땅에서
회한 없는 백골을 쪼이리라 했다.

양두구육(羊頭狗肉)

양두구육이란 한자성어를
깨친 것이 중학교 2, 3학년쯤일까.
어쩌면 대학 들어와서일는지 모른다.
중요한 것은 먹어보지도 않고
고사성어부터 알은 것이요.
양 대가리가 얼마나 맛있으면
개고기를 팔면서 양 머리를 판다고
간판을 걸었느냐는 거였다.
그 양 머리를 몽골에서 시식한다.
입에 대기는 해야겠는데
도마 위에 통째로 나온 대갈통을
어찌 먹어야 하는지? 입에 가기 전에
짧은 기도가 필요한 건 아닌지?
이 양 머리는 참수되면서
칼의 날카로운 위로를
숨 거두는 순간까지 편안히 받았는지?
칼 쥔 왼손이 아닌 오른손으로
세상의 푸른 들판을 보며 살던 눈은

부드럽게 감게 해주었는지?
양 머리는 순하기론 죽어서도
마호메트의 머리 같다.
울란바타르에서 테르지로 어디로
나를 안내하며 다닌 안내원이
한참 쩔쩔매는 내 꼴을 보더니
칼을 들어 먹는 길을 안내해준다.
양두구육이 아닌 양두를
몽골의 들판을 헤매는 피비린내 나는
이리의 이빨로 뜯어봤다.
맛을 묻지를 마라.
일생 처음 뜯는 이빨에
하자(瑕疵)와 같은 야생의 피가 묻었다.

인의예지

우리가 먹고 마시고 뱉는 음식은
생명수인 물처럼 중요하지만
삼동을 견디는 겨울나무를 보고
참을 忍자를 떠올리듯이 그냥 건성이 아니라
공자의 인의예지를
마음 기둥으로 삼는 사람도 있다.
어질 仁자는
주위의 굶주리고 가난한 사람 있으면
감자 한 톨도 더불어 나누는 긍휼정신으로
옳을 義자는 우리들 양식의 기본이 되는
봄철의 모심기처럼
한번 심으면 낟알이 여물 때까지
어떤 태풍이 몰아쳐도 굽히지 않도록
올곧고 바르게 하늘을 우러러 무성케 하고
예도 禮자는 때맞춰 파릇파릇한 마늘종들을
일손이 없다고 함부로 뽑는 게 아니라
가지런히 모아 마무리하는 것으로
지혜 智자는 맹자처럼

아는 것들도 잘 가려서 계승하듯이
먹고 마시고 뱉는 모든 것들을
편식하거나 지나친 과식도 삼가고
음식도 절도 있게 먹는 학문이라 여기며
수신수기(修身修己) 하며 사는 이들도 있다.

자취

한솥밥 먹으며 티격태격하던
아내를 한발 먼저 영결종천시키고
혼자서 북치고, 장구치고 다하는
독신 생활을 시작했다.
대학 4학년 내내 굶다 먹다
한때 자취를 한 경험이 있는지라
까짓것 독하게 여자 없으면
못 먹고 못 살랴 하는 심사였다.
밥은 전기밥솥이 거뜬히 해결했다.
아내는 늘 무쇠 솥에 쌀을 안쳤지만
살아생전의 그 정성은 따를 수 없고
국이나 반찬은 참새 한 마리도 짹짹거리며
들여다보는 이 없어 속수무책이었다.
그래도 사람이란 예로부터
산 입에 거미줄 치랴는 말이 있듯이
대학 훈장 때 익힌 독수리 타법으로
궁즉통 컴퓨터 검색창을 두드리니
음식 만드는 법이 총천연색 파노라마다.

여자도 채팅인가 뭔가 할 수 있다는데
나는 거기까지는 자신이 없고
채팅 아닌 이팅으로 컴퓨터를 선생님 삼아
마누라 삼아 모르는 거 있으면 배워가며
현대식 자취를 하며 하루하루를 넘긴다.
독신으로 살아도 세월호보다 낫다.
제주도까지 가려고 아득바득대며
침몰하지 못하는 것은
늙어 자취를 해도 이승이 천국이기 때문이다.
한숨 푹푹 내쉬면서도
이승이 천국이니까
아등바등 산다.

전갈튀김

중국 산동의 고급 찬팅(餐廳)에서
영화나 무슨 다큐멘터리에서 본
치명성을 지닌 전갈튀김이 나왔다.
먹다가 저승 행차할 일은 없겠지만
제법 비위가 좋은 나도
젓가락 집기가 멈칫해진다.
곁자리의 중국인 대학교수가 웃으며
자꾸 권하기에 하나 먹어봤다.
바싹하고 고소하다.
미래 인류의 먹거리는
곤충이라는 말이 저절로 실감났다.
그날 밤 전갈을 먹어서인지
이름 모를 사막에 나는 전갈로 태어나
여행객인 나에게 대드는
꿈을 꾸다가 놀라서 깨었다.
내가 변신하여 또 하나의 나를
죽이는 것은 무엇이란 말인가.
결국 한 자루 초가 타듯이

내가 나를 잡아먹고 사는 게
인생살이라는 깨달음.
젊어 '장자'를 잘못 읽은 것인가.
잘 터득한 일인가.

내 초의 심지는 얼마큼 타들어갔을까?

참새구이

가을 들판에나 가야
떼 지어 나는 참새를 볼 수 있으려나
재재대는 수다꾼을 보기 힘들다.

낙안읍성 터에 들렀다가
초가집을 보면서
겨울이면 처마 밑에 잠자는
참새를 잡던 생각이 났다.

참새를 잡으려면
반드시 한국동란이 준 선물
군용 플래시가 있어야 했다.

강렬한 불빛으로
꼼짝 못하게 눈을 쏘고 잡으면
손바닥 안에 따뜻하면서도
불쌍하게 전해지던 온기.

그 바들바들 떠는 연약한 슬픔도
질근 눈감고 모른 체 구웠다.
먹는 것도 머리부터 새 졸가리까지
아삭아삭 고소하다며 씹었다.

먹으며 참새는 낟알 축내는
나쁜 새라고 누군가
미안한지 한마디 했다.

아이들아
참새도 뭐 뜯을 게 있는 고기라고 먹던
그때는 너무 가난한 시절이라 그랬다.

코끼리, 기린, 악어

아프리카로의 발걸음은
에볼라가 창궐하지 않은 시절에도
늘 아프까[痛]였다.
흙먼지 하나로 가슴이 아려오는
그 슬픔을 체험하고파 왔는지도 모른다.
점심시각이 되어 한 음식점에 들렀다.
코끼리, 기린, 악어 큰 태산을 넘듯이
하마고기도 있었던가. 기억에 없다.
저들도 들 수 있는 것이니까
우리 눈앞에 놓이는 것이겠지만
혹시 자신들은 잘 안 먹으면서 우리만
이 땅에 온 기념으로 먹는 것은 아닌지.
불법 포획한 음식을 먹다가
범법자가 되는 건 아닌지 불안하기도 했다.
불안은 늘 괜한 걱정에서부터 온다.
고기 좋아하시는 분들은 맛이 궁금하시리라.
맛은 이빨이 맹수처럼 날카롭지 않아서
이 고기나 저 고기나 야생이라 질기기만 했다.

그만큼 야생에서 멀어진 나를 느꼈다.
아프리카 아니면 생전 못 접해볼
잠시 원시인이 된 듯한
별미이지만 별미가 아니더라도
시장기가 드는데 뭔들 못 먹겠는가.
먹자, 먹자, 눈 딱 감고
미련한 아니 이럴 수밖에 없는
아프리카의 슬픔을 야생처럼 삼키자.

포크와 나이프

아직도 인도나 중동에서는
오랜 습관대로 맨손 식사를 하지만
내가 처음으로 사람의 손가락을 닮은
포크와 나이프를 잡아본 것은
60년대 초 무교동 한 경양식집에서였다.
얼마나 세상물정 깜깜한 나룻가 아이였던지
그때는 돈가스 한 접시 칼질하는 것이
내 딴에는 모던보이 같고 좀 젠틀해 보여서
신분 상승처럼 느껴졌다.
생전 처음 식탁에 앉아서는
꿔다 논 보릿자루모양
삼지창과 칼을 어떻게 잡아야 하는지
손오공 서역 길에 삼장법사라도 있으면…
2, 30년대 이국종 강아지였던
동경 유학생 기분이 들었다.
그 양식이 이제는 결혼식이다
무슨, 무슨 모임을 통해 너무 자주 접해
뭐를 먹든지 칼질이 자유로워졌다.

심지어 고급 호텔 레스토랑에서
복잡하게 늘어놓는 포크와 나이프도
어떻게 집을까 고민이 사라졌다.
지나치게 비싼 값 받으려는 장식 같아
반드시 격식을 안 차리면 어떠랴
맞는 말일는지 모르지만 포크로 별을 쓸어 모아
나이프로 썰어 먹는 것이 아닌 다음에야
상대방에 불쾌감을 줄 정도가 아니면
너무 격식 차린다는 것은 격식일 뿐이다.

풀밭 위의 식사

밥상은 때에 따라 차리고 받지만
늘 그린 필드에 있는 듯하다.
쑥갓, 당근, 양배추, 상치와
이름 모를 잡다한 풀들이 나열돼 있다.
망아지처럼
먼 산 구름 한번 보고 풀잎을 씹는다.
누군가 우리 집 식탁을
풀밭 위의 식사라 칭하듯이
큰 야외 연회장에 초대받은 기분이다.
풀밭 위의 망아지 뒷발질처럼 상쾌하다.
안경 때문이다.
돋보기를 써야만 노안을 극복하고
밥상 위의 풀들의 고유명사와
색이 제대로 보인다.
스무 살 무렵 여자들을 만나듯
풀잎을 보고 식감이 당겨야 먹는다.
식감이 중요한 입이 모델이다.
색이 없으면 맛이 나지를 않는다.

햇볕 속에서 깔깔대던 소녀 애들의
웃음 결 같거나
바람이 불 때마다 엿보이던
스커트 자락 속 흰 허벅지의 탄력과
풀잎들의 싱싱함이 닮았다.
공즉시색 색즉시공
불경 한 구절 아는 것이 여기서 빛난다.

끝시 / 여적餘滴

끝시

포도

포도를 가볍게 보지 마라
방울방울 눈물이 맺혀 있다.
어떤 눈물이든 사연이 있다는 얘기다.
알알이 눈물과 기도와
가난과 용서와 겸허함과 사랑이 있다.
드넓은 들에 불어오는 바람의 따스한 입김과
흙의 부드럽다 못해 견고한 너그러움과
초록 잎새를 닮은 희망과
끊으래야 끊을 수 없는 인연의 줄기로
뼈대를 만들고 짠 피와 살이다.
완벽한 너무나 완벽한 우주다.
그 속에 하나님이 있으시다.
하나님의 피와 말씀이 있다.
대저 오늘 우리가 입에 대는 음식이란
저 포도와 다름없나니

먹는 것 앞에서 지나치게
자신을 드러내 뽐내지 말며 죄짓지 말 일이다.
가끔은 하늘의 천둥과 벼락이
우리들 세상의 무슨 계시처럼
왜 머리칼이 곤추서도록 때리고
시퍼런 바다의 파도는 온몸이 전율토록
흰 이를 드러내며 허리를 꺾는지
그 무언의 말씀과 헌신의 소리를 들을 일이다.
포도와 다름없는 모든 일용할 양식에
오늘도 감사의 두 손을 모을 일이다.

여적餘滴

.

맛

 모든 동식물이 다 그렇겠지만 인간도 눈뜬 순간부터 젖을 찾는 존재다. 어릴 때 어머니는 나더러 먹을 줄만 알고 만들 줄은 모른다는 말을 자주 하셨다. 먹을거리를 만들 줄 알아야 살아간다는 뜻이다. 또 어떻게 먹느냐에 따라 맛이 결정되고 음식도 만들게 된다. 음식을 만든다는 일은 창조적인 기술처럼 빈손으로 허허벌판에서의 시작이 아니다. 기존의 음식에 맛을 보태고 또 새로운 맛을 더하는 과정이다. 맛은 역사다. 먹고 마시는 반복된 일상의 축적이다. 맛은 그리하여 생기지만 꽃의 절정과 같은 최상의 맛은 찾지 마라. 맛의 끝은 어떤 먹거리에도 없다. 음식이란 짐승에게서 자족의 기본을 배워야 한다. 그런데 인간은 보다 간교하고 영리하여 맛보기 위해서 입에 넣고 그 맛의 감고신산을 혀로 느끼며 즐기고 또 그것도 미진해 온갖 산해진미를 포만지도록 먹고 다시 윽윽 악악 깨악질 하는 작태를(그래서 천벌을 받은) 로마시대의 유적 폼페이의 귀족 집 벽화에서 보고 알았다. 이

어찌 음식을 가지고 사람이 할 짓이랴. 대저 음식을 무심히 대하는 경향이 있으나 음식에는 반드시 호사나 사치보다 예와 절도가 따라야 한다. 식도락이란 무엇일까. 음식을 음식답게 대접하고 즐기는 일이다. 옛사람들은 음식이 절도에 어긋나면 죄받는다 하고 하나님이 노하신다고 이른 것은 그 때문이다. 맛집을 찾아 팔도를 헤매는 식도락가들이 더러 도는 멀리하고 맛만 기준으로 즐기는 것을 본다. 그런 사치가 전국에 걸쳐 만연하면 맛 하나로 불 보듯 그 나라는 멸망하리라. 맛이란 겸손하게 받고 정갈하게 느끼는 것이면 되는 그 사람 됨됨이의 평범한 일상이다. 음식의 탐욕과 맛의 집착에서 도를 지킬 일이다. 맛에 너무 혹하면 안 된다. 텔레비전 종편의 죽기 전에 꼭 먹어봐야 할 음식은 뭐란 말인가. 다 죽기 전에 먹어야 할 먹거리들이다. 맛은 사람이 만든 전인적 음식체의 핵이다. 오늘 인터넷에서 2백만 명이 움집에서 생지옥처럼 밀집하여 사는 멕시코시티의 과밀화현상과 해부된

거대한 알바트로스의 뱃속에는 먹이다운 음식은 한 가지도 없고 플라스틱 병뚜껑과 비닐 종류로 가득 채워져 있었다. 먹는 것이 그렇게 무섭다. 알바트로스나 사람이나 심각한 환경오염으로 죽음에 이르기는 마찬가지다. 극한의 배고픈 상황에 이르면 맛을 가릴 것 없이 뭐든지 먹을 것이다. 기아가 아니더라도 독이 들거나 상한 음식은 입에 대지 말고 거스르지 말아야 한다. 물의 흐름을 자연스럽게 따라야지 역류하면 우생마사(牛生馬死)꼴이 된다. 하지만 음식은 보기 좋은 떡이 먹기도 좋다라는 말이 있듯이 넘치지 않는다면 만들어 내놓는 것도 맛도 예술이었으면 한다. 병도 아프고 괴롭더라도 고칠 수 있으면 축복이듯이 모든 사랑하는 분들에게 "내일이면 음식을 먹을 수 없는 사람처럼 그 행복한 포만감과 향기를 기회 있을 때 맛보자"고 진심으로 권하고 싶다.

이 도서의 국립중앙도서관 출판시도서목록(CIP)은 서지정보유통지원시스템 홈페이지(http://seoji.nl.go.kr)와 국가자료공동목록시스템(http://www.nl.go.kr/kolisnet)에서 이용하실 수 있습니다.(CIP제어번호: CIP2016017977)

시인동네 시인선 060
꽁치
ⓒ강우식

초판 1쇄 인쇄 2016년 7월 26일
초판 1쇄 발행 2016년 8월 2일
     지은이   강우식
     펴낸이   고영
    책임편집   류미야
     디자인   헤이존
     펴낸곳   문학의전당
    출판등록   제311-2012-000043호
      주소   서울시 은평구 연서로11길 7-5 401호
      전화   02-852-1977 팩스 02-852-1978
    전자우편   sbpoem@naver.com

    ISBN 979-11-5896-268-5 03810

*이 책의 판권은 지은이와 문학의전당에 있습니다.
*양측의 서면 동의 없는 무단 전재 및 복제를 금합니다.
*잘못 만들어진 책은 바꿔드립니다.
*이 시집은 한국출판문화산업진흥원 2016년 우수출판콘텐츠 제작 지원 사업 선정작입니다.